中学生读本

黄荣华　主编

诸侯美政

——《国语》选读

詹前　编选

上海教育出版社

图书在版编目(CIP)数据

诸侯美政:《国语》选读 / 黄荣华主编. —上海:上海教育出版社,2017.6(2018.2 重印)
ISBN 978-7-5444-7556-3

Ⅰ.①诸... Ⅱ.①黄... Ⅲ.①中国历史—春秋时代—史籍②《国语》—青少年读物 Ⅳ.①K225.04-49

中国版本图书馆CIP数据核字(2017)第126873号

责任编辑 高立群
封面设计 陆 弦

诸侯美政
——《国语》选读

黄荣华 主编

出版发行 上海教育出版社有限公司
官　网　www.seph.com.cn
地　址　上海市永福路123号
邮　编　200031
印　刷　上海展强印刷有限公司
开　本　640×960　1/16　印张 9.5
版　次　2017 年 7 月第 1 版
印　次　2018 年 2 月第 2 次印刷
书　号　ISBN 978-7-5444-7556-3/G·6220
定　价　19.80 元

如发现质量问题,请向本社调换　电话 021-64377165

人之需 （代总序）

　　一直想给中学生朋友编一套中华传统文化方面的读本。

　　作为中学语文教师，我们有自己的理由——

　　中华古代文化浩如烟海，书市上古代文化方面的图书也不计其数，但专门面向现代中学生的普通读本却很难找到，更不要说那种切合中学生阅读心理、精心选材、精心作注、精心释义的系列丛书了。

　　而从一名中学语文教师的角度看，当今中国语文教育最缺失的一块又恰恰是对中华传统文化的敬重、理解与传承。

　　众所周知，教育本来是指向学生的全面发展的，但因为"高考列车"越跑越快所产生的巨大无比的力量，语文已沦落为应试的工具。

　　在这样的教育中，对文化的漠视已成为语文教育的一个并不为多数人清醒意识到的"传统"；丢弃传统文化，甚至鄙薄传统文化，也已成为语文教育的一个并不为多数人清醒意识到的"传统"。

　　在这样的教育中，现代语文教育的本质意义——作为培育"民族文化之根"的意义，作为培育"效忠于""皈依于"中华民族的现代公民的意义，已基本丧失。

　　而中华民族在现代前行的艰难身影又告诉我们：我们的教育，我们的语文教育，必须敬重、理解、传承中华传统文化。

　　中华传统文化作为中华文明的载体，其两大支柱是儒与道。而作为现世人生精神支柱的文化，又主要是儒家文化。儒家文化又以孔子为核心，孔子文化的核心是"仁"——"仁者""爱人"。何为"爱人"？孔子"一以贯之"的是"忠""恕"二字——"己所不欲，勿施于人"，"己欲立而立人，己欲达而达人"。用现在的话说就是：自己不想要的不强加给别人，自己想要的也要让别人拥有。这样，人与人就会友爱，社会就会和谐，人类就会幸福。而支撑这一社会理想的核心思想是：人与人的平等性。

　　从近一个半世纪的中国近现代历史进程看，由于受列强的侵略，我们民族怀疑甚至痛恨过我们的传统文化，认为那是我们落后挨打之源。所以，我们曾经把传统文化作为落水狗一般痛打。但从我们逐步摆脱"挨打""挨饿"之后"挨骂"的现实看，我们现在最缺失的就是传统文化中的"忠""恕"二字。不"忠"就不"诚"，不"诚"就无"信"；不"恕"就不"容"，不"容"就无"爱"。当今社会的许多问题之源，正在于无"信"无"爱"。

　　要化解民族前行过程中出现的种种问题与矛盾，当然要从政治、经济、科学、军事、艺术、伦理、道德等各个方面去思考，但在教育过程中，在生活的各个方面，敬重、理解、传承我们传统文化的精髓，应当成为我们思考的重要内容。当我们通过教育，通过生活的方方面面形成的教化体系，能将我们传统文化的精髓与现代民族意识融为一体，内化为崭新的民族精神，并使其上升为民族得以昂然立身的中华现代文明，那我们民族就真正完成了由古代到现代的转型，我们的国家就能成为一个崭新的现代民族国家,我们的人民就会成为"具有中国心的现代文明人"(当代著名教育家于漪老师语)。

有了这样的愿望,就总希望能为实现这样的愿望尽微薄之力,所以我们带着对中华传统文化的敬意,乐意尽自己最大的力量为中学生朋友推介中华传统文化。

同时,作为语文教师,我们还感到,要真正理解语言、掌握语言,就必须理解文化,特别要理解传统文化。

语言学研究表明:语言的理解与运用,归根结底是与某个社会群体的认知方式、道德规范、文化传承、价值标准、风俗习惯、审美情趣等特定的文化因素相关联的;语言运用要得体,既要遵循语法规则,更要遵循文化规则。由于汉语的组织特点是"文便是道""以意役法",即意义控制形式,"意在笔(言)先",所以文化规则在汉语的组织运用中更有着突出的意义。又由于汉语是由汉字联属而成,而汉字是世界上最古老的文字之一,更是世界几千年间唯一没有中断其历史的文字;每个走过几千年的汉字都有着深厚的文化沉淀,可谓一个汉字就是一个广博精深的文化单元,就是一个意趣醇厚的审美单元(鲁迅先生曾在《汉文学史纲要·自文字至文章》中指出,汉字有"三美":"意美以感心","音美以感耳","形美以感目")。因此,要让孩子们准确地把握经典文本表达的意义,恰当地表述自己的观点,得体而有效地与人交际,就要引导他们了解、掌握语言背后蕴含的丰富的文化信息。

现在只有无知者才不会承认,中华文明体是一个坚实、深刻、厚重、博大的文化体系。这个文化体系已将自己的精神文化贯彻到了人们可见、可知甚至可感的世界的每一个角落,渗透在人们的气血经脉、意识与潜意识之中,正所谓

"致广大而尽精微"(《中庸》)。在这个"致广大而尽精微"的文化体系中，天、地、人的分工和边界及其协调与平衡，都有着清晰、真切、生动的表达；在这个体系中，中华民族已建立起了自己独一无二的生活方式——在天与地之间，堂堂正正地做人，做一个大写的人。由此，中华民族也就有着有别于其他一切民族的独特文化——天地之间的人文化，而不是天界中的神文化，不是地界中的鬼文化。尽管我们的文化中不可避免地会涉及神鬼，但总体而言它是"敬鬼神而远之"的。由此，我们也就会真正明白，为什么诸子百家中的任何一家最终都将自己的精神内核指向了人，为什么我们几千年的文化主体选择了"儒"——人之需！如果不了解、不理解这样的文化，就不能真正读懂我们的文化原典，就不能真正听懂古今经典之作的汉语述说，就很难得体地用好已走过了几千年的民族语言。

基于上述两大理由，我们编著了这套《中华根文化·中学生读本》。

"根文化"就是"文化之根"。它表明这套读本关注的是中华文化最根本的部分。这又有两层意思：一是读本的内容选择上，关注代表根文化的内容；二是在注解、翻译、释义上，关注所选内容最本原的意义，基本不做现代阐释。

作为"中学生读本"，我们尽可能使其适合中学生的文化心理。每个选本均按主题组织若干单元，并写有单元导语；用浅近的白话注解、今译、释义，力求简洁明了。

《中华根文化·中学生读本》第一辑15种，主要选编先秦时期的经典，包括《兴于诗——〈诗经〉选读》《立于礼——"三礼"选读》《成于乐——〈乐记〉〈声无哀乐论〉选读》《仁者之言——〈论语〉选读》《义者之言——〈孟子〉选读》《君子之言——〈荀子〉选读》《智者之言——〈老子〉选读》《达者之言——〈庄子〉选读》《爱者之言——〈墨子〉选读》《法者之言——〈韩非子〉选读》《忠者之言——〈楚辞〉选读》《谋者之言——〈孙子〉选读》《春秋大义——〈春秋〉三传选读》《诸侯美政——〈国语〉选读》《战国争雄——〈战国策〉选读》。

黄荣华

前　言

　　《国语》一书记事起于约公元前967年西周穆王征犬戎，迄于公元前453年鲁悼公十二年赵、韩、魏灭智伯，是先秦时期一部重要的历史典籍。称之为"国"，是因该书依次分为《周语》三卷、《鲁语》两卷、《齐语》一卷、《晋语》九卷、《郑语》一卷、《楚语》两卷、《吴语》一卷、《越语》两卷，分国记事。这种体例是中国史书中的首创，唐代史学家刘知几《史通》开篇以六部史书来说明体例，《国语》即其中一部。清代学者浦起龙为《史通》作通释，说了"此是国别家""首节疏明国别之体"的话，故该体例称为"国别体"。称之为"语"，也就是记言，先经瞽、史口头流传（参见选本《邵公谏厉王弭谤》中"瞽、史教诲"），后来逐渐记录下来。《国语·楚语上》记载楚庄王请士亹为太子箴（即楚恭王）师傅。士亹向贤大夫申叔时请教，申叔时讲了一番关于教育的宏论，其中有"教之语，使明其德，而知先王之务用明德于民也"的话。这个"语"，用三国时吴国韦昭《〈国语解〉叙》里的解释，就是"嘉言善语"。

　　《国语》的作者，根据司马迁的说法，是孔子同时代的左丘明。班固也赞同这种说法。但唐代的啖助曾质疑这种说法，南宋目录学家陈振孙《直斋书录解题》进一步说道："（《国语》）至今与《春秋传》（即《左传》）并行，号为'外传'。

今考二书，虽相出入，而事辞或多异同，文体亦不类，意必非出一人之手也。"因为司马迁认为《左传》也是左丘明所作，一个人写了两部内容有重复而文体不类似的作品，这种做法颇费猜疑。一般认为，此书同先秦时期某些著作一样，不是成于一时，也非出于一人之手，是战国初期有人辑录春秋时期各国史官记录而成。

据统计，《国语》和《左传》大致相同的章节大概有60多条，因此，我们今天要了解春秋时期的历史，当然离不开《左传》，但也离不开《国语》。根据《国语》的思想倾向和主要内容，我们把这个选本命名为"'诸侯'美政"。所谓"诸侯"，因为《国语》是一部国别体史书。而要形成"美政"，首先应该以礼治国。《国语》开篇《祭公谏穆王征犬戎》写祭公谋父进谏，口不离先王。遵循先王之制，引用先王之教，是从周公以来形成的传统思想。到了春秋末期、战国初期，"法先王"成了儒家学派的主要政治思想。其次国君应该具有忠信仁义等高尚的品德，才能享有国家的统治权，所谓"天道无亲，唯德是授"。齐桓公、晋文公之所以能称霸，就是因为以礼治国，以礼修身，教化百姓，举贤任能。而对暴君，《国语》则无情地抨击。周穆王炫耀武力，违背礼制。周厉王与民争利，专制独裁。周幽王宠幸褒姒，戏弄诸侯。如此种种，其结果不是放逐就是亡国。再者，《国语》在讲天、神、君、民时，强调以民为本。国家兴亡、战争胜负，都要取决于民意。东周以来，随着周天子权力缩小、诸侯征伐不断，人民力量逐渐强大，神的地位逐渐下降。当统治者出谋划策、兴师动众时，不得不首先考虑民心向背，甚至把民的重要性放在神、君之上。"防民之口，甚于防川"之类闪耀着民本思想的言论，是《国语》中最富时代特色的进步内容。

章培恒、骆玉明主编的《中国文学史新著》认为，《国语》

记事写人有时较《左传》更注重细节，对趣味性的重视超过《左传》，在气氛的渲染上富于戏剧性，因而其文学成分也有所增加。如《选本》中的《齐姜与子犯谋遣重耳》《叔向谏杀竖襄》等篇，有小说家笔法。

这个选本根据"'诸侯'美政"这一主题，按内容分五个单元，依次为以礼治国、凝聚民心、举贤任能、重视教育、称霸诸侯，共计46章，占整部《国语》八分之一左右，试图多角度、多侧面地展示春秋时期的历史，并注重选文的文学性和趣味性。上海古籍出版社1978年出版的《国语》校点本，以三国时期吴国韦昭的《国语解》为基础，吸收前人校勘成果，是比较好的本子。这个选本的每章标题及文字基本以此为准。也参考了近人徐元诰《国语集解》及来可泓先生的《国语直解》、邬国义等先生的《国语译注》。本书注释求详，以期为中学生扫除障碍；翻译求直，尽量尊重原文；释义求精，能得大意为要。编者水平有限，疏漏舛误难免，请读者不吝指正。

詹 前

目录

第三单元　举贤任能

第一单元
以礼治国

　　《国语》开篇《祭公谏穆王征犬戎》写祭公谋父进谏，口不离先王。遵循先王之制，引用先王之教，用先王之礼来批评时君之政，这一思想贯穿《国语》始终。战争和祭祀这两桩国之大事，都须遵循礼制。周穆王炫耀武力，违背礼制；讨伐犬戎，失去威信。臧文仲让百姓祭祀海鸟，不谙礼制，不仁不智，遭人讥笑。《国语》告诉我们：以礼治国则兴，礼乐崩坏则亡。

祭公谏穆王征犬戎

原文

穆王将征犬戎①，祭公谋父谏曰②："不可。先王耀德不观兵③。夫兵戢而时动④，动则威⑤；观则玩⑥，玩则无震⑦。是故周文公之颂曰⑧：'载戢干戈⑨，载櫜⑩弓矢。我求懿德⑪，肆于时夏⑫，允王保之⑬。'先王之于民也，懋正其德而厚其性⑭，阜其财求而利其器用⑮，明利害之乡⑯，以文⑰修之，使务利而避害，怀德而畏威，故能保世以滋⑱大。

注解：① 穆王：周天子姬满，昭王之子。昭王南巡，劳民伤财，民怨沸腾。渡汉水时，楚人用胶水粘成的船让他乘坐，船至中流，胶溶而船解，昭王沉水而死。穆王即位时已五十岁，想振兴王业，于是穷兵黩武，西征犬戎，东伐徐戎。征：征伐。犬戎：古羌族的一支，在殷、周时居于西部，又称西戎。② 祭（zhài）公谋父（fǔ）：周公姬旦后代，姓姬，字谋父。封于祭（今河南荥阳东北），故称祭公。周穆王卿士，执政大臣。谏：用言语规劝君主或尊长改正错误。③ 耀德：使美德显扬光大。观兵：显耀武力。④ 夫（fú）：语气词，用于句首，以提示下文或表示判断。戢（jí）：聚集，收藏。时动：按季节行动，春夏秋三季务农，冬季讲武。⑤ 威：使人畏惧。⑥ 玩：轻慢。⑦ 震：惊恐，害怕。⑧ 周文公：即周公旦，周文王之子，武王之弟。"文"是他的谥号。颂：指《诗经·周颂·时迈》，相传为

周公歌颂武王伐纣而作。引诗旨在说明偃武修德。⑨载：则，于是。干戈：盾和戟。也可指兵器或战争。⑩櫜（gāo）：盛弓箭的袋，这里用作动词，指把弓箭装入箭袋。⑪懿德：美德，这里指有美德的人。⑫肆：陈，广布，施行。时：是，此。夏：指中国。⑬允：诚然，确实。保：保有，守住。⑭懋：勉励。厚：使敦厚。性：性情。⑮阜（fù）：大，多，增加。器具：指兵器、农具等。⑯乡（xiàng）：通"向"，方向，处所。⑰文：指礼法。⑱滋：增多。

原文

"昔我先王世后稷⑲，以服事虞、夏⑳。及夏之衰也㉑，弃稷不务㉒，我先王不窋用失其官㉓，而自窜于戎、狄之间㉔，不敢怠业㉕，时序㉖其德，纂修其绪㉗，修其训典㉘，朝夕恪勤㉙，守以敦笃㉚，奉㉛以忠信，奕世载德㉜，不忝㉝前人。至于武王㉞，昭㉟前之光明而加之以慈和，事神保民㊱，莫弗欣喜。商王帝辛㊲，大恶于民㊳。庶民㊴不忍，欣戴㊵武王，以致戎于商牧㊶。是先王非务武㊷也，勤恤民隐而除其害也㊸。

注解：⑲世：继承。后稷：相传为周始祖，母姜嫄在其出生后弃之于野，故名弃。长而好农耕，尧举为农官。舜封之于邰（今陕西武功西南），号后稷，姬姓。曾助夏禹治水，播种百谷，勤劳农事而死于山野。后世因以"后稷"为农官之称，亦称"稷"。⑳服事：诸侯按时朝贡服役于天子，或在朝廷任职侍奉天子。虞：指虞舜。夏：指夏启。弃在舜时为后稷，不窋（zhú）在夏启时为后稷。㉑及：等到。夏之衰：指夏启之子太康时代。太康沉湎田猎，不恤百姓，为羿所杀。㉒弃稷：太康废除农官。不务：不从事农业生产。㉓不窋：周先公。相传为后稷之子，继任夏朝农官。太康无道，他失官而逃奔至戎、狄之间。或说非后稷之子，而系其后裔（《史记·周本纪》司马贞《索隐》）。后说较可信。用：因。㉔窜：隐藏，逃匿。戎、狄之间：不窋失官，迁于邠（今陕西彬县）。邠西接戎，北近狄，故言戎、狄之间。㉕怠：懈怠，荒废。业：指农业。㉖序：叙说，叙述。㉗纂（zuǎn）：继承。绪：事业。㉘训典：教诲和法则。㉙恪勤：恭敬勤勉。㉚敦笃：敦厚诚实。㉛奉：信奉，遵循。㉜奕世：累世，一代接一代。载德：积德。㉝忝：辱。㉞武王：周武王姬发，文王之子，率诸侯灭商，为西周开国君主。㉟昭：显扬，发扬。㊱事：侍奉。保民：养民。㊲商王帝辛：即商纣王，姓子，名辛。㊳恶于民：被百姓憎恶。㊴庶民：平民百姓。㊵戴：拥戴。㊶致戎：兴兵。商牧：商都朝（zhāo）歌城郊牧野（今河南淇县南）。周武王率军与商军大战于牧野。商军倒戈，周军攻破朝歌，纣王自焚于鹿台，商朝灭亡。史称"牧野之战"。㊷务武：崇尚武力。㊸恤：体恤。隐：痛苦，疾苦。

原文

"夫先王之制㊹，邦内甸服㊺，邦外侯服㊻，侯、卫宾服㊼，蛮、夷要服㊽，戎、狄荒服㊾。甸服者祭㊿，侯服者祀[51]，宾服者享[52]，要服者贡[53]，荒服者王[54]。日祭、月祀、时享、岁贡、终王[55]，先王之训[56]也。有不祭则修意[57]，有不祀则修言[58]，有不享则修文[59]，有不贡则修名[60]，有不王则修德[61]，序成而有不至则修刑[62]。于是乎有刑[63]不祭，伐不祀，征不享，让[64]不贡，告[65]不王。于是乎有刑罚之

辟⑥，有攻伐之兵，有征讨之备⑥，有威让之令，有文告之
辞。布令陈辞而又不至，则增修于德而无勤民⑥于远，是
以近无不听，远无不服。

注解：④ 制：制度。⑤ 邦内：靠近国都由天子直辖的方
圆千里的地区，又称"王畿"。甸服：周代以五百里为一区划，
按距离王城的近远分为甸服、侯服、绥服、要服、荒服。这里的
甸服指王畿之内。服：指服事天子。⑥ 邦外：王畿之外。侯
服：离王城一千里以外的方圆五百里的地方。⑦ 侯、卫：指
《尚书·周书·康诰》所谓的"侯、甸、男、采、卫"五服之内的诸
侯。宾服：以宾客身份向周天子纳贡。⑧ 蛮：离王城三千五
百里的地方。夷：离王城四千里的地方。要(yāo)服：蛮夷之
地离王城已远，周天子与之立下盟约，约束其纳贡。要：约束。
⑨ 戎：离王城四千五百里的地方。狄：离王城五千里的地
方。荒服：荒远之地，顺应其风俗，使之服事天子。⑤⃝ 祭：进
贡天子日常祭祀祖、考之需。⑤⃝① 祀：进贡天子每月祭祀高祖、
曾祖之需。⑤⃝② 享：进贡天子四季祭祀始祖之需。⑤⃝③ 贡：岁
贡。蛮、夷每六年朝见天子一次，进贡天子祭祀远祖及天地之
神之需。⑤⃝④ 王：戎、狄臣服于周天子。⑤⃝⑤ 终王：戎、狄之君对
每位天子只朝见一次。终：指终其一世。⑤⃝⑥ 训：法则。⑤⃝⑦ 修
意：省察思想意念以自责，使不供日祭者感化。⑤⃝⑧ 修言：检
查修正发布的号令。⑤⃝⑨ 修文：检查修正礼仪制度。⑥⃝ 修名：
检查修正尊卑职贡等名号。⑥⃝① 修德：检查修正礼乐教化等文
德。⑥⃝② 序成：依次完成。修刑：使用刑罚。⑥⃝③ 刑：处罚，惩
治。⑥⃝④ 让：谴责。⑥⃝⑤ 告：用文辞告知。⑥⃝⑥ 辟：法。⑥⃝⑦ 备：武
备。⑥⃝⑧ 勤民：使民劳苦。

原文

"今自大毕、伯士之终也⑥，犬戎氏以其职来王⑦。天子曰：'予必以不享征之⑦，且观之兵。'其无乃废先王之训而王几顿乎⑦！吾闻夫犬戎树惇⑦，帅旧德而守终纯固⑦，其有以御我矣⑦！"

王不听，遂征之，得四白狼、四白鹿以归⑦。自是荒服者不至。

——《周语》

注解：⑥ 大毕、伯士：犬戎的两位君主。终：去世。⑦ 以其职来王：犬戎新君主按职分携带珍宝来朝见周天子。⑦ 以不享征之：以不供天子祭祀之需的罪名征伐犬戎。⑦ 无乃：比较委婉地表示对某一事件或问题的看法或估计，相当于现代汉语的"恐怕"。几：近。顿：疲敝，引申为失败。⑦ 树惇(dūn)：树立敦厚之风。⑦ 帅：遵循。旧德：指先王之训。守终：遵守终王之礼，即终世朝见周天子一次。纯固：专一。⑦ 有以：有用来……的办法。御：抵挡，抗拒。⑦ 白狼、白鹿：犬戎进贡的礼物。

今译

周穆王将要征伐犬戎，祭公谋父规劝说："不能这样做。先王发扬美德而不炫耀武力。平时聚藏兵力而在适当的时候动用，一动用就会显示威力，使人畏惧，炫耀就会滥用，滥用便失去了威慑作用。所以周公的颂诗说：'收起干戈用不上，装好弓箭袋里藏。我追求美德，遍施华夏，吾王定能保有它。'先王对于百姓，勉励有加，使他们德行端正，性情敦厚，增加他们的财用，明确利害的所在,用礼法来教育他们,使他们能从事有利的事情而避免祸患,感激君王的恩德而又畏惧君王的威严,因此,先王能守住基业,世代相承并不断发展壮大。

"当初我们的先王世代担任农官,尽心为虞舜和夏朝效力。到夏朝衰败时,太康废除了农官,不重视农业生产,我们的先王不窋因此而失去官职,逃到与戎、狄接壤的地方居住下来,但他不敢荒废农业,常常叙述祖先之德,继承祖先之业,修习他们的教诲和法则,时刻恭敬勤勉,坚守敦厚之风,奉行忠信之道,代代相承不断积德。到了武王时,发扬先辈美好的德行并且增加仁慈温和,敬奉神灵,保护百姓,神、人无不欢欣喜悦。商王帝辛被百姓深恶痛绝,百姓无法忍受他的残暴统治,都欢欣拥戴武王,武王不得已才出兵商郊牧野。由此可见先王并非崇尚武力,只是体恤百姓疾苦而为他们除去祸害。

"先王的制度规定,王畿以内是甸服,王畿以外是侯服,侯卫之服之内是宾服,夷、蛮地区是要服,戎、狄地区是荒服。甸服供日祭,侯服供月祀,宾服供时享,要服供岁贡,荒服则臣服于天子。这日祭、月祀、时享、岁贡和一世一次的朝见天子之礼都是先王定下的规则。如果甸服不供日祭之需,天子就应省察自己的思想。侯服不供月祀之需,天子就要检查修正自己的号令。宾服不供时享之需,天子就要检查修正礼仪制度。要服不供岁贡之需,天子就要检查尊卑职贡等名号。荒服不行朝见天子之礼,天子就要检查修正礼乐教化等文德。依次完成后,如还有不来的才可以动用刑罚。在这种情况下才有惩罚不供日祭的、攻伐不供月祀的、征讨不供时享的、谴责不供岁贡的、告知不来朝见天子的各种措施。在这种情况下才有惩罚的刑法、攻伐的军队、征讨的武备、谴责的威令、告知的文辞。如果发布命令、文辞告晓后还有不来的,那就进一步地省察自己的德行而不要劳民远征。因此,近处的诸侯没有不听命的,远方的诸侯也没有不服从的。

"如今,自从大毕、伯士去世以后,犬戎的君长一直按照荒服的职责来朝见,而天子却说'我将以不享的罪名去讨伐他们',并以此向他们炫耀武力。这难道不是废弃先王的遗训而使王业败坏吗?我听说犬戎性情敦厚纯朴,能遵守先人的德行而专一不变,他们是有能力抵御我们的。"周穆王不听劝告,去征讨犬戎,结果只得到了犬戎进贡的四只白狼、四只白鹿回来,从此荒服地区的诸侯再也不来朝见了。

释义

祭公谋父在劝谏周穆王征伐犬戎时,提出了"先王耀德不观兵"的观点,反对穷兵黩武,强调统治者应以德服人。祭公继承了周公"偃武修德"的思想,进而提出即使用兵也要像周武王一样,"勤恤民隐而除其害",并且遵循礼制。后来,孔子继承了这些观点,说过"远人不服,则修文德以来之""为政以德,譬如北辰,居其所而众星共之"这样的话。

王孙满观秦师

原文

二十四年①,秦师将袭郑②,过周北门③。左右皆免胄④而下拜,超乘者⑤三百乘。王孙满观之⑥,言于王曰:"秦师必有谪⑦。"王曰:"何故?"对曰:"师轻⑧而骄,轻则寡谋,骄则无礼。无礼则脱⑨,寡谋自陷。入险而脱,能无败乎？秦师无谪，是道废也。"是行也，秦师还，晋人败诸崤⑩，获其三帅丙、术、视。

——《周语》

注解：①二十四年：周襄王二十四年，公元前628年。周襄王名郑，公元前651—前619年在位。②秦师：秦大夫孟明视率领的军队。袭：偷袭。③周北门：周王城洛邑的北门。④左右：车左和车右的甲士。古代一辆兵车三人，中间为御者，如无君主或主帅，左执弓，右执戈盾。免胄：脱去头盔。⑤超乘(shèng)：刚一下又跳上兵车，是对周天子骄横无礼的举动。乘：兵车，一车四马。⑥王孙满：周大夫，时年尚幼。⑦谪(zhé)：灾祸，这里指失败。⑧轻：轻佻，轻狂。⑨脱：粗疏，这里指军纪松弛。⑩诸：之于。崤(xiáo，又读yáo)：山名，今河南洛宁北。

今译

周襄王二十四年，秦军要去偷袭郑国，路过周王城的北门。兵车左右的甲士都脱去头盔下车行礼，竟有三百辆兵车的甲士刚下车又一跃而上。王孙满看到后对襄王说："秦军肯定会打败仗。"襄王说："什么原因呢？"王孙满答道："秦军轻佻而骄横，轻佻就少谋，骄横就无礼。无礼就会军纪松弛，少谋就将陷入险境。既入险境又无军纪，能不失败吗？秦军不败，天理难容。"这次出兵徒劳无功，归途中，秦军在崤山被晋军打败，三位主帅白乙丙、西乞术、孟明视被俘。

释义

秦军千里偷袭郑国，在经过周王城北门时，不守礼制，轻佻而骄横。年幼的王孙满颇具洞察力,能依据秦师骄横无礼的举动预言其失败,可谓睿智。正如班固所说:"恃国家之大,矜民人之众,欲见威于敌者,谓之骄兵。兵骄者灭。"骄兵必败,这是历史的必然规律。前秦的苻坚统一北方后,发兵九十万(到达前线的二十五万)南下,打算一举消灭东晋。战前,苻坚口吐狂言:"以吾之众旅,投鞭于江,足以断流。"结果兵败淝水。

刘康公论鲁大夫俭与侈

原文

定王八年①,使刘康公聘于鲁②,发币于大夫③。季文子、孟献子皆俭④,叔孙宣子、东门子家皆侈⑤。

注解:①定王八年:周定王八年,公元前599年。周定王名瑜,公元前606—前586年在位。②刘康公:周定王卿士王季子。刘:王畿内诸侯国,康公采邑,在今河南偃师。康:谥号。聘:聘问,诸侯之间、诸侯和天子之间派使者问候致意。③发币于大夫:向鲁国大夫赠送礼物。币:礼物。这里指聘问时赠送的礼物,如玉、帛、圭、璧等。④季文子:即季孙行父。孟献子:即仲孙蔑。两人都是鲁国上卿。⑤叔孙宣子:即叔孙侨如,鲁国下卿。东门子家:即公孙归父,鲁国大夫。侈:奢侈。

原文

归，王问鲁大夫孰⑥贤？对曰："季、孟其⑦长处鲁乎？叔孙、东门其亡乎！若家⑧不亡，身必不免⑨。"

注解：⑥孰：谁，哪一个。⑦其：语气副词，表推测、估计，可译为"大概""或许"。⑧家：大夫的采邑。⑨免：免祸。

原文

王曰："何故？"对曰："臣闻之：为臣必臣，为君必君⑩。宽肃宣惠⑪，君也；敬恪恭俭⑫，臣也。宽所以保本⑬也，肃所以济时⑭也，宣所以教施⑮也，惠所以和民⑯也。本有保则必固，时动而济则无败功⑰，教施而宣则遍⑱，惠以和民则阜⑲。若本固而功成，施遍而民阜，乃可以长保民矣，其何事不彻⑳？敬所以承命㉑也，恪所以守业也，恭所以给事㉒也，俭所以足用也。以敬承命则不违㉓，以恪守业则不懈，以恭给事则宽于死㉔，以俭足用则远于忧。若承命不违，守业不懈，宽于死而远于忧，则可以上下无隙矣㉕，其何任不堪㉖？上任事而彻，下能堪其任，所以为令闻长世也㉗。今夫二子者俭，其能足用矣，用足则族可以庇㉘。二子者侈，侈则不恤匮㉙，匮而不恤，忧必及之，若是则必广其身㉚。且夫人臣而侈，国家弗堪㉛，亡之道也。"

注解：⑩ 为臣必臣，为君必君：做臣子的要守忠敬之道，做国君的要讲宽惠之德。⑪ 宽肃宣惠：宽厚、整肃、普遍、仁爱。⑫ 敬恪恭俭：忠敬、谨慎、谦恭、俭朴。⑬ 保本：守住根基。所以：用来……的。⑭ 济时：救世。⑮ 教施：教化恩赐。施：给予。⑯ 和民：使百姓和睦。⑰ 时动而济则无败功：按时而动并加以救济就不会失败。⑱ 教施而宣则遍：教化恩赐普遍施行就会遍及百姓。⑲ 惠以和民则阜：用仁爱来使民和睦就会财物丰盛。阜：多，丰盛。⑳ 其：语气副词，表反诘，可译为"岂""难道"。彻：通达。㉑ 承命：承受君命。㉒ 给(jǐ)事：处事。㉓ 不违：指不违背礼。㉔ 宽于死：远离死罪。宽：远。㉕ 上下：指君臣之间。隙：隔阂，嫌怨。㉖ 堪：胜任。㉗ 令闻：美好的名声。长世：年代长久。㉘ 族：宗族。庇：荫庇，庇护。㉙ 不恤匮：不体恤别人的穷困。匮：缺乏，穷，一无所有。㉚ 广其身：搜刮民脂民膏自肥其身。㉛ 堪：经得起，承受。

原文

王曰："几何？"对曰："东门之位不若叔孙㉜，而泰侈㉝焉，不可以事二君㉞。叔孙之位不若季、孟㉟，而亦泰侈焉，不可以事三君。若皆蚤世犹可㊱，若登年以载其毒㊲，必亡。"

注解：㉜ 东门之位不若叔孙：东门子家是大夫，叔孙宣子是卿，所以东门的地位比不上叔孙。㉝ 泰侈：太奢侈。泰：副词，表程度，同"太"。㉞ 事二君：侍奉两代国君。㉟ 叔孙之位不若季、孟：叔孙宣子是下卿，季文子、孟献子是上卿，所以叔孙的地位比不上季、孟。㊱ 蚤世：早去世。蚤：通"早"。

犹可：还可以使其家免于灭亡。㊲登年：活得长久。登：高，
长。载其毒：施行毒害。载：行。毒：害。

原文

十六年㊳，鲁宣公卒㊴。赴者未及㊵，东门氏来告
乱㊶，子家奔齐㊷。简王十一年㊸，鲁叔孙宣伯亦奔齐㊹，
成公未殁二年㊺。

——《周语》

注解：㊳十六年：周定王十六年，公元前591年。㊴鲁
宣公：鲁国国君，名俀，公元前608—前591年在位。㊵赴者：
报丧的人。赴：奔走报丧，后作"讣"。未及：还没到达。㊶告
乱：诸侯大夫奉君命出使，与出使国通情结好，吉凶相告。东
门子家曾出使于周，所以派人到周告知鲁国内乱。㊷子家奔
齐：东门子家谋划除去三桓，即孟孙、叔孙、季孙三家，适逢鲁
宣公薨，被三桓驱逐，逃亡到齐国。说明东门子家在鲁国未能
事二君。奔：逃亡。㊸简王十一年：周简王十一年，公元前
575年。周简王名夷，公元前585—前572年在位。㊹叔孙宣
伯：即叔孙宣子。他和鲁宣公夫人穆姜私通，谋划除去孟孙、
季孙两家而在鲁国专权，反被鲁人驱逐，逃亡齐国。当时鲁国
国君为鲁宣公的儿子鲁成公（名黑肱），说明叔孙宣子在鲁国
未能事三君。㊺成公：鲁国国君，鲁宣公之子，名黑肱，公元
前590—前573年在位。殁：死。

今译

周定王八年，派刘康公出使鲁国，向鲁国大夫赠送礼物。季

文子、孟献子都俭朴,而叔孙宣子、东门子家都很奢侈。

　　刘康公回来后,定王询问鲁国的大夫谁贤德,刘康公回答说:"季、孟两人可以在鲁国长久保持地位,叔孙、东门大概要灭亡。就算其家不亡,本人必不能免祸。"定王说:"那是什么原因呢?"刘康公回答说:"我听说,做臣子的要守忠敬之道,做国君的要讲宽惠之德。宽厚、整肃、普遍、仁爱,是君道;忠敬、谨慎、谦恭、俭朴,是臣道。宽厚是用来守住根基的,整肃是用来救世济时的,普遍是用来教化恩赐的,仁爱是用来和睦百姓的。根基守好就必然稳固,按时而动并加以救济就不会失败,教化恩赐普遍施行就会遍及百姓,用仁爱来使民和睦就会财物丰盛。如果根基稳固而大功告成,恩赐普遍而百姓富足,就能够长久得到百姓拥护,难道还有什么事做不到吗? 忠敬是用来承受君命的,谨慎是用来守护基业的,谦恭是用来处理事务的,俭朴是用来充足财用的。用忠敬来承受君命就不会违礼,以谨慎来守护基业就不会懈怠,以谦恭来处理事务就远离死罪,以俭朴来充足财用就不会担忧。如果承受君命而不违礼,守护基业而不懈怠,远离死罪而又不必担忧,君臣上下就能够没有隔阂了,难道还有什么大事胜任不了吗? 君上行事无阻碍,臣下事事能胜任,因此美名流传,长治久安。现在季、孟两家俭朴,他们就能够财用充足,财用充足家族就能以此得到庇护。叔孙、东门两家奢侈,奢侈就不会体恤贫困者,贫困者得不到体恤,忧患必然会降临,像这样必然搜刮民脂民膏自肥其身。况且作为人臣而奢侈,国家不能承受,这是一条走向败亡的路。"定王问:"他们能维持多久呢?"刘康公答道:"东门子家的地位不如叔孙宣子,但奢侈却超过了他,所以不可能侍奉两代国君;叔孙宣子的地位不如季、孟,但也比他们奢侈,所以不可能侍奉三代国君。如果他们死得早倒还罢了,如果他们活得长久,毒害百姓,一定会败亡。"

　　周定王十六年,鲁宣公去世。报丧的使者还没有到王都,东门家的人已来报告鲁国发生内乱,东门子家逃往齐国。周简王十一年,叔孙宣子也逃往齐国,正好离鲁成公去世还有两年。

释义

　　刘康公的观察和预测,表现了当时人对"俭"与"奢"的认识。首先,"俭"与"奢"必须以礼制来衡量。东门子家是大夫,却享受卿的待遇,违背了礼制,就是"奢"。奢侈之心如果不用礼来抑制,就会败家亡国。其次,认为"俭"是美德,可以"足用""远忧","族可以庇"。唐代诗人李商隐用诗句总结了这一认识:"历览前贤国与家,成由勤俭败由奢。"

曹刿谏庄公如齐观社

原文

　　庄公如齐观社①。曹刿谏曰:"不可。夫礼,所以正民②也。是故先王制诸侯,使五年四王、一相朝③。终则讲于会④,以正班爵⑤之义,帅⑥长幼之序,训⑦上下之则,制财用之节⑧,其间无由荒怠。夫齐弃太公⑨之法而观民于社,君为是举而往之,非故业⑩也,何以训民? 土发⑪而社,助时⑫也。收捃而蒸⑬,纳要⑭也。今齐社而往观旅⑮,非先王之训也。天子祀上帝,诸侯会之受命⑯焉。诸侯祀先王、先公,卿大夫佐之受事焉⑰。臣不闻诸侯相会祀也,祀又不法。君举必书⑱,书而不法⑲,后嗣⑳

何观？"公不听，遂如齐。

——《鲁语》

注解：① 庄公：鲁国国君，名同，公元前693—前662年在位。如：往，到……去。社：土地神，这里指祭祀土地神。② 正民：端正民风。③ 四王：四次派使者聘问天子。相朝：诸侯亲自朝见天子。④ 终：朝见之礼完毕。讲：讲习。⑤ 班爵：排列爵位尊卑等级。⑥ 帅：遵循。⑦ 训：教诲，教导。⑧ 财用之节：对诸侯贡职的规定。节：法度。⑨ 太公：齐开国之君太公望，又称吕望、吕尚，俗称姜太公、姜子牙。姜姓，吕氏，名尚，字子牙。周文王遇之于渭水之阳，云"吾太公望子久矣"，故号"太公望"。⑩ 故业：同"故事"，先例，成法，旧日的典章制度。⑪ 土发：地气蒸腾。古代有春社、秋社。春社祭祀土地神，以祈丰收。秋社设祭，以酬土地神。这里指春社，地气蒸腾，开始农耕。⑫ 助时：有助于农事。⑬ 捃（jùn）：拾取，搜集。烝：祭祀名，特指冬祭。也写作"烝"。⑭ 纳要：收藏五谷，意为农事结束，祭神感恩。⑮ 观旅：观看祭祀时百姓的各项活动。旅：众，众人。⑯ 受命：诸侯助祭，接受政令。⑰ 佐：帮助。受事：接受职事。⑱ 举：举动。书：记载。古代君主言行必记，左史记言，右史记事。⑲ 不法：观旅之举不合礼法。⑳ 嗣：继承，引申为继承人，子孙后代。

今译

　　鲁庄公要到齐国去观看春社。曹刿规劝说："不可去。礼，是用来端正民风的。所以先王订下制度，规定诸侯每五年之中要派使者朝聘天子四次、诸侯亲自朝见天子一次。朝见之礼完毕，就聚集在一起讲习礼仪，用来厘正爵位的尊卑等级，遵循长幼的次序，讲求上下的法度，确定贡职的标准，在朝会期间不能荒废怠慢。现在齐国废弃始祖太公望制定的礼制,在祭祀社神时让众人前去观看,你也为这事去参观,这是没有先例的,如果你这样做,今后怎么训导百姓呢?春天地气蒸腾祭祀社神,是祈神赐福,有助于农事;庄稼收获以后举行冬祭,是为了农事结束,收藏五谷,向神感恩。现在齐国祭祀社神让众人去观看,这不是先王的法度。天子祭祀上帝,诸侯参加助祭接受政令。诸侯祭祀先王先公,卿大夫要帮助料理并接受职事。我没有听说过诸侯之间可以互相观看祭祀的,这种祭祀显然不合礼法。国君的一举一动都是要记载于史书的,记载下来的事不合礼法,叫子孙后代怎么看呢?”庄公不听规劝,还是去了齐国。

释义

曹刿以礼立论,规劝鲁庄公不要前往齐国观看春社。他认为“礼”是用来端正民风的。齐国“观民于社”的做法违背了始祖太公之法,庄公“而往观之”违背了先王之训。国君自己违背了礼制,何以正民?违礼之举记载于史册,何以垂范于后世?

展禽论祭爰居非政之宜

原文

海鸟曰“爰居”①,止于路东门之外三日,臧文仲②使国人祭之。展禽③曰:“越④哉,臧孙之为政也!夫祀,国之大节⑤也；而节，政之所成也。故慎制祀以为国典⑥。今无故而加典，非政之宜也。

注解：① 爰居：鸟名，又名杂县。② 臧文仲：即臧孙辰，鲁国的卿士。③ 展禽：臧文仲执政时任士师（"士师"为古时掌禁令刑狱的官名）。名获，字禽。食邑柳下（今山东新泰柳里，也有说在今河南濮阳柳下屯），私谥惠（"谥"为古代帝王、贵族、大臣或其他有地位的人死后加给的带有褒贬意义的称号。"私谥"为亲友门生所立，此为其妻所立），故又称柳下惠。以讲究礼节著称。④ 越：迂阔。⑤ 大节：要务，关键之事。⑥ 国典：国家的典章制度。

原文

"夫圣王之制祀也，法施于民则祀之，以死勤事则祀之，以劳定国则祀之，能御大灾则祀之，能扞⑦大患则祀之。非是族⑧也，不在祀典。昔烈山氏⑨之有天下也，其子曰柱⑩，能殖百谷百蔬；夏之兴也，周弃⑪继之，故祀以为稷⑫。共工氏之伯九有也⑬，其子曰后土⑭，能平九土⑮，故祀以为社⑯。黄帝能成命百物⑰，以明民共财⑱，颛顼⑲能修之。帝喾⑳能序三辰以固民，尧能单均刑法以仪民㉑，舜勤民事而野死㉒，鲧鄣洪水而殛死㉓，禹能以德修鲧之功㉔，契为司徒而民辑㉕，冥勤其官而水死㉖，汤以宽治民而除其邪㉗，稷勤百谷而山死㉘，文王以文昭㉙，武王去民之秽㉚。故有虞氏禘黄帝而祖颛顼㉛，郊尧而宗舜㉜；夏后氏禘黄帝而祖颛顼，郊鲧而宗禹；商人禘舜③而祖契,郊冥而宗汤;周人禘喾而郊稷,祖文王而宗武王;幕㉞,能帅㉟颛顼者也,有虞氏报㊱焉;杼㊲,能帅禹者也,夏后氏报焉;上甲微㊳,能帅契者也,商人报焉;高圉、大王㊴,能帅稷者也,周人报焉。凡禘、郊、祖、宗、报,此五者,国之典祀㊵也。

注解:⑦ 扞:也写作"捍",抵御,抵挡。⑧ 族:类。⑨ 烈山氏:传说中炎帝即神农氏的号。⑩ 柱:烈山氏之子,佐神农氏种植百谷百蔬,夏以前被祀为五谷神。⑪ 弃:即后稷,周始祖,商以后被祀为五谷神。⑫ 稷:谷神。⑬ 共工氏:相传为古部落首领。伯:通"霸",诸侯的盟主,这里作动词。九有:九州。⑭ 后土:共工氏之子,名句龙,传说中黄帝的土官,后世被祀为土地神。⑮ 九土:九州的土地。⑯ 社:土地神。⑰ 黄帝:相传为中华民族始祖。本姓公孙,长居姬水,因改姓姬,居轩辕之丘(在今河南新郑西北),故号轩辕氏,出生、创业和建都于有熊(今河南新郑),故亦称有熊氏。少典之子。因有土德之瑞,故号黄帝。相传曾与炎帝战于阪泉(今河北涿鹿东南)之野,与蚩尤战于涿鹿(今河北涿鹿东南)之野。打败炎帝,擒杀蚩尤,被各部落尊为天子,即原始社会末期部落联盟首领。相传蚕桑、舟、车、文字、音律、算数都创始于黄帝时代。命:命名。⑱ 明民:使百姓明白道理。共财:共同占有财富。⑲ 颛顼(zhuān xū):黄帝之孙,昌意之子,号高阳氏。⑳ 帝喾(kù):黄帝曾孙,号高辛氏。三辰:日、月、星。固:安。㉑ 尧:帝喾的庶子。单:通"殚",尽。均:使公平。仪:法度,准则。㉒ 舜:颛顼六世孙,姚姓,名重华,号有虞氏。野死:舜征有苗氏,死于苍梧之野。㉓ 鲧(gǔn):颛顼后代,禹之父。用堵截之法治水,九年不成,被尧杀于羽山。鄣:通"障",堵塞。殛:杀,杀戮。㉔ 禹:古夏部落首领,又称大禹,

夏禹，姒姓。因治水有功，得舜禅让。禹之子启建立中国第一个王朝夏。修：继承。㉕契（xiè）：传说中商始祖，为帝喾之子，舜时佐禹治水有功，任司徒，赐姓子，封于商。司徒：官名，掌管教化。辑：和，和睦。㉖冥：契的六世孙，夏朝水官。水死：忠于职守，死在水中。㉗汤：又称成汤，商王朝的建立者，名履。邪：邪恶的人，这里指夏桀。㉘山死：稷勤播百谷，死于黑水之山。㉙文王：周文王姬昌，又称西伯，为商的诸侯。敬老慈少，礼贤下士。因叹惜纣王炮烙之刑，被囚于羑（yǒu）里（今河南汤阴北），后得释。文：文德，即以礼乐教化进行统治。昭：显著。㉚秽：邪恶、丑陋，比喻坏人、恶人。这里指纣王。㉛有虞氏：部落名，舜为其首领，是黄帝、颛顼的后裔。禘（dì）：祭祀名，古代帝王祭祀祖先的一种典礼。即在始祖宗庙里祭祀始祖所出之帝，以始祖配祭。祖：祭祀名，古代帝王祭祀始祖的一种典礼。㉜郊尧：在郊外祭祀天时以尧配祭。郊：祭祀名，古代帝王祭祀天的一种典礼，这里作动词。宗：祭祀名，古代帝王在宗庙祭祖的一种典礼。㉝舜：根据韦昭的说法，"舜"为"喾"之谬，因为喾是契之父，商人应禘喾。㉞幕：舜的先人。㉟帅：遵循。㊱报：祭祀名，一种报德的祭祀。㊲杼（zhù）：又名季杼，夏朝君主。少康之子，中兴夏朝。㊳上甲微：契的八世孙，汤的六世祖。他的父亲王亥被有易氏杀死，夺去牛羊。上甲微替父报仇，夺回牛羊，有功于商族。㊴高圉（yǔ）：后稷十世孙，周族首领。大（tài）王：即古公亶父，高圉的曾孙，文王的祖父。迁都于岐，为周族的发展奠定了基础。㊵典祀：祭祀的大法。

原文

"加之以社稷山川之神，皆有功烈㊶于民者也。及前哲令德之人㊷，所以为明质㊸也；及天之三辰，民所以瞻仰也；及地之五行④，所以生殖⑤也；及九州名山川泽，所以出财用也。非是不在祀典。

"今海鸟至，己不知而祀之，以为国典，难以为仁且智矣。夫仁者讲功，而智者处物⑯。无功而祀之，非仁也；不知而不能问，非智也。今兹⑰海其有灾乎？夫广川之鸟兽，恒⑱知避其灾也。"

注解：㊶ 功烈：功业。㊷ 哲：有智慧的人，这里指"圣哲"，才德出类拔萃的人。令：美好的。㊸ 质：质朴，朴实，引申为真实，诚信。㊹ 五行：指金、木、水、火、土。㊺ 殖：繁殖，生长。㊻ 处物：明察事理。㊼ 兹：此，这。其：语气副词，表推测、估计，可译为"大概"、"或许"。㊽ 恒：常。

原文

是岁也，海多大风，冬暖。文仲闻柳下季㊾之言，曰："信㊿吾过也，季子之言不可不法○51也。"使书以为三筴○52。

——《鲁语》

注解：㊾ 柳下季：即展禽。展禽又叫展季，季是兄弟排行，表示排在最后。食邑柳下，故又叫柳下季。㊿ 信：确实。○51 法：奉为法则。○52 筴(cè)：通"策"，竹简。三筴，指写成三份竹简，给三卿(司马、司徒、司空)各存一份。

今译

有一只叫"爱居"的海鸟，停在鲁国都城东门外已三天了，臧文仲叫都城里的人去祭祀它。展禽说："臧文仲掌管国政竟这样迂阔！祭祀是国家的重要制度，而这种制度又使政事得以推行，所以应该慎重地制定祭祀制度作为国家的大法。现在无缘无故就增加祭典，不是处理政事应该做的。

"圣王制定祭祀的原则是：凡是以完善的法规治理百姓的就祭祀他，为国事辛劳而死的就祭祀他，有安定国家功劳的就祭祀他，能抵御大灾的就祭祀他，能消除百姓大祸的就祭祀他。不属这几类的，不能列入祭典之中。从前烈山氏掌管天下时，他的儿子叫柱，能种植各种谷物和蔬菜；夏朝兴起后，周族的弃继承了柱的事业，所以后人祭祀他，尊之为谷神。共工氏称霸九州时，他的儿子叫后土，能平定天下的土地，所以后人祭祀他，尊之为土神。黄帝能给各种事物命名，让百姓明白道理并共同占有山泽财富，颛顼能继承他的功业。帝喾能按日、月、星辰的运行规律制定季节变化的顺序，教百姓安心从事农业生产；尧能尽力使刑法公平，使之成为百姓行为的准则；舜操劳民事，死在苍梧之野；鲧堵截洪水，治水失败被处死在羽山；禹以仁德继承并完成鲧的未竟之业；契在担任司徒时，教化百姓使之和睦；冥担任水官，勤于职守而死在水中；商汤以宽大的政策治理百姓，并除掉暴虐的夏桀；后稷辛勤播种百谷，死在山上；周文王以礼乐教化统治百姓，著称于世；周武王征伐暴虐的商纣，为民除害。所以有虞氏禘祭黄帝，祖祭颛顼，郊祭尧，宗祭舜；夏后氏禘祭黄帝，祖祭颛顼，郊祭鲧，宗祭禹；商人禘祭喾，祖祭契，郊祭冥，宗祭汤；周人禘祭喾，郊祭后稷，祖祭文王，宗祭武王；幕，是能遵循颛顼功业的人，有虞氏报祭他；杼，是能遵循禹功业的人，夏后氏报祭他；上甲微，是能遵循契功业的人，商人报祭他；高圉和大王，是能遵循后稷功业的人，周人报祭他。禘、祖、郊、宗、报，这五种都是国家规定的祭祀大法。

"此外再加上祭祀土地、五谷和山川的神，因为都是对百姓有功德的;以及祭祀前代的圣哲、有美德的人,用来表明美德是真实可信的;祭祀天上的日、月、星辰,都是百姓用来瞻仰的;祭祀地上的金、木、水、火、土,都是百姓用来生存繁衍的;祭祀九州的名山大川,都是百姓用来生产财物器用的。不属于这些范围的就不能列入祭祀的大法中。

"现在海鸟飞来,自己弄不清楚什么原因就祭祀它,还把这定为国家的祭典,这就很难说是仁德和明智的举动。仁德的人讲究评价功绩,明智的人讲究明察事理。海鸟对百姓没有功绩却祭祀它,不合乎仁德;不知海鸟什么原因飞来又不向别人询问,不是明智的做法。现在这海上大概要发生灾害了吧?那广阔海域里的鸟兽常常预知并躲避海上的灾害的。"

这一年,海上常有大风,冬天又过于暖和。臧文仲听到柳下季的话,说:"这确实是我错了,季先生的话不能不照着做啊。"便让人把柳下季的话写在三卿的竹简上。

释义

在古代,祭祀和战争一样,是"国之大事"。文中展禽提出了"夫祀,国之大节也;而节,政之所成也"的观点,认为祭祀是国家的重要制度,和政事的施行密切相关。祭祀是有原则的,有功德于百姓的人及社稷山川等才能享受祭祀。而祭祀海鸟,那是不仁不智的做法。展禽最后从环境变化的角度揣测海鸟来鲁的原因,对两千多年前的古人来说实属难能可贵。展禽又叫柳下惠,熟谙古礼,为孔子所重。至于臧文仲,除了这件事,《论语》还记载他为一只占卜用的大乌龟造了房子,柱上斗拱雕成山形,梁上短柱画着藻文。

里革断宣公罟而弃之

原文

宣公夏滥于泗渊①，里革断其罟而弃之②，曰："古者大寒降③，土蛰发④，水虞于是乎讲罜䍡⑤，取名鱼⑥，登川禽⑦，而尝之寝庙⑧，行诸国，助宣气⑨也。鸟兽孕，水虫成，兽虞于是乎禁罝罗⑩，猎鱼鳖以为夏犒⑪，助生阜⑫也。鸟兽成，水虫孕，水虞于是禁罝罳麗⑬，设阱鄂⑭，以实庙庖⑮，畜⑯功用也。且夫山不槎蘖⑰，泽不伐夭⑱，鱼禁鲲鲕⑲，兽长麑麌⑳，鸟翼鷇卵㉑，虫舍蚳蝝㉒，蕃庶物㉓也，古之训也。今鱼方别孕㉔，不教鱼长，又行网罟，贪无艺㉕也。"

公闻之曰："吾过而里革匡㉖我，不亦善乎！是良罟也，为我得法。使有司㉗藏之，使吾无忘谂㉘。"师存侍㉙，曰："藏罟不如置里革于侧之不忘也。"

——《鲁语》

注解：①滥：渍，沉浸，这里指把渔网撒到河里。泗：泗水，流经鲁国都城北面。渊：水深处。②里革：名克，鲁国太史。罟(gǔ)：渔网。③大寒：农历二十四节气之一，是一年中最寒冷的时候。降：以后。"大寒降"和"土蛰发"均指孟春。④土蛰(zhé)：蛰伏在土里冬眠的动物。蛰：指动物冬眠、不食不动的状态。发：冬眠后动物开始活动。⑤水虞：官名，

又称渔师、川衡、泽虞。掌管川泽禁令。讲：讲习、训练。罛(gū)：渔网。罶(liǔ)：捕鱼的竹笼。⑥名鱼：大鱼。名：大。⑦川禽：鳖蜃之类水生动物。⑧尝：祭祀名，秋祭，给祖先供上新谷、禽鱼、果品等，叫尝新。寝庙：古代宗庙有庙和寝两部分，前面供祭祀之处叫庙，后面停放牌位和藏先人衣冠之处叫寝。始祖庙称大寝，高祖以下庙称小寝。⑨宣气：疏通、宣泄阳气。⑩兽虞：官名，又称山虞，掌管山林鸟兽。罝(jū)：捕兔的网。罗：捕鸟的网。⑪矠(zé)：用矛刺取物，即用矛刺取大的鱼鳖。槁：一本作"槁"，干枯。作名词，肉干。⑫阜：长、生长。⑬罜麗(zhǔ lù)：小鱼网。⑭阱(jǐng)：捉动物的陷阱。鄂：捕兽器，又叫柞格，即在陷阱里竖着柞树枝，动物掉落后足不能着地，无法跳出。⑮庙庖(páo)：宗庙里的厨房。⑯畜(xù)：饲养。⑰槎(chá)：斫，砍。蘖(niè)：树木砍伐后复生的嫩条。⑱夭：初生的草木。⑲鲲(kūn)：鱼子。鲕(ér)：小鱼。⑳麑(ní)：幼鹿。麌(yǎo)：幼麋，即四不像。㉑翼：保护。鷇(kòu)：待哺食的幼鸟。㉒蚳(chí)：蚂蚁卵。蝝(yuán)：未长翅膀的幼蝗。蚳蝝，古代用来制酱吃。㉓庶物：万物。庶：众多。㉔别孕：雌鱼和雄鱼交配怀子后，离开雄鱼。㉕艺：极，限度。㉖匡：正，纠正。㉗有司：有具体职务、做具体工作的官员。司：掌管。㉘谂(shěn)：规劝，告诫。㉙师：乐师。存：乐师的名字。

今译

鲁宣公夏天把渔网撒入泗水深处捕鱼，里革看到后，割断他的渔网扔在一旁，说："古时候大寒过后，蛰伏在泥土中冬眠的动物开始活动，掌管川泽禁令的官员在这时训练百姓使用渔网和竹笼，去捕捉大鱼和鳖蜃等水生动物，用来作为尝新的祭品在寝庙中祭祀祖先。这时让国人捕鱼，是为了帮助地下的阳气宣泄出来。鸟产卵、兽怀胎时，鱼类已长成，掌管山林禽兽的官员便禁止使用网捕捉鸟兽，只准用矛刺取鱼鳖，晒成肉干供夏天食用，这是为了帮助鸟兽的生长。当鸟兽长大了，鱼鳖开始繁殖，掌管川泽的官员便禁止用网捕鱼，只准设陷阱和鸟网去捕捉鸟兽，以供应宗庙和厨房的需要，饲养小鱼小鳖以待将来享用。并且上山砍伐时不能砍掉嫩枝，水边割草时不能割取嫩草，捕鱼时禁止捕幼鱼，捕兽时要留下幼鹿和幼麋，让它们好好生长，捕鸟时要保护雏鸟和鸟卵，捕虫时不要捕捉幼虫，以便让万物生长繁殖。这是古人遗留下来的教导。现在正是雌鱼怀子离开雄鱼而开始繁殖的时候，你却不让鱼长大，还要下网捕捞，真是太贪心了！"

　　宣公听了这番话，说："我犯了错而里革纠正我，不也是很好的事吗？这是一张好渔网啊，它让我认识到治理国家的准则！请主管的官员把网收藏起来，使我永远不忘里革的话。"乐师存正在宣公旁边侍候，说道："与其收藏这张渔网，还不如把里革安排在您的身边，就不会忘记他的规劝了。"

释义

　　进言和纳谏是相辅相成的，相互和谐统一，才能收到好的效果。里革直言进谏，无所畏惧，甚至说出"贪无艺也"这样的话冒犯鲁宣公。而宣公不以为忤，却引以为戒，可谓君明臣直。更重要的是，里革阐述了古人从实践中总结出来的保护自然资源和生态平衡的种种规则，对于治国是十分有意义的。后来孟子也说过"数罟不入洿池，鱼鳖不可胜食也；斧斤以时入山林，林木不可胜用也"的话，认为这样做能"养生丧死无憾"，是"王道之始"。里革的话，可能是世界上最早的保护生态平衡的言论。

范文子论外患与内忧

原文

鄢之役^①，晋伐郑，荆^②救之。大夫欲战，范文子不欲，曰："吾闻之，君人者刑其民^③，成^④，而后振武^⑤于外，是以内和而外威。今吾司寇之刀锯日弊^⑥，而斧钺不行^⑦。内犹有不刑，而况外乎？夫战，刑也，刑之过也。过由大^⑧，而怨由细^⑨，故以惠诛^⑩怨，以忍去过^⑪。细无怨而大不过^⑫，而后可以武，刑外之不服者。今吾刑外乎大人^⑬，而忍于小民，将谁行武？武不行而胜，幸^⑭也。幸以为政，必有内忧。且唯圣人能无外患，又无内忧，讵^⑮非圣人，必偏而后可。偏而在外，犹可救也，疾自中起，是难。盍姑释荆与郑以为外患乎^⑯？"

——《晋语》

注解：①鄢之役：即晋楚鄢陵之役，发生在公元前575年。鄢陵：在今河南鄢陵西北。②荆：楚国的别称，因为楚国最初建在荆山（今湖北南漳西）一带，也有说为了避秦庄襄王子楚之讳，故秦称楚为"荆"。③刑其民：用刑罚整饬百姓。④成：平定，平服。⑤振武：宣扬武力。⑥司寇：官名，掌管刑狱。刀锯：惩罚百姓的刑具，这里指对百姓的惩罚。弊：败坏。因对百姓施刑过多而刑具损坏。⑦斧钺：惩罚贵族的刑具，这里指对贵族大臣用刑。不行：不用于贵族大臣。⑧大：

指大臣。⑨ 细：指百姓。⑩ 诛：除去。⑪ 忍：狠心。⑫ 过：犯过错。⑬ 邢外乎大人：即刑不上大夫。外：不涉及，不施加。⑭ 幸：侥幸。⑮ 讵：如果。⑯ 盍(hé)：何不。释：放下，舍弃。

今译

晋楚鄢陵之战，晋国出兵攻打郑国，楚国来救郑国。大夫们都主张作战，范文子不同意，说："我听说，做国君的要使用刑罚来整饬百姓，国内平服了，然后才能对外宣扬武力，因此能做到国内和睦团结，国外震慑畏惧。现在我国的司寇用来惩罚百姓的刀锯，因使用过度而损坏，而用来惩罚大臣的斧钺却置之不用。在国内尚且有不能施以刑的，又何况对外呢？战争，就是一种刑罚，是用来惩罚过错的。过错是由大臣造成的，而怨恨来自一般百姓，因此要用恩惠来消除百姓的怨恨，下狠心去除大臣的过错。百姓没有怨恨，大臣不犯过失，然后可以用兵，去惩罚国外那些不服从的人。如今我国的刑罚施加不到大臣，却下狠心来对付百姓，那么，想靠谁来施行武力呢？不发动百姓施行武力却打胜仗，只是一种侥幸。依靠侥幸来治理国家，一定会有内忧。况且只有圣人才能做到既无外患，又无内忧，如果不是圣人，必然只能偏及一端才行。如果偏失的一端在国外，那还可以补救，如果毛病从国内发生，这就难以应付了。我们何不姑且放下楚国和郑国，把它们作为外患呢？"

释义

范文子把搞好内政和对外作战的关系讲得很透彻。他提出了"内和而外威"和"释荆与郑以为外患"两个观点。认为必须用刑罚整顿好国内，才能对外作战。如果国内还没有整顿好，就贸然对外作战，会产生内忧。与其产生内忧，还不如放下楚、郑，以之为外患。

师旷论乐

原文

平公说新声①，师旷②曰："公室其将卑③乎！君之明兆④于衰矣。夫乐以开山川之风也⑤，以耀德⑥于广远也。风德以广之，风山川以远之，风物⑦以听之，修诗以咏之，修礼以节⑧之。夫德广远而有时节⑨，是以远服而迩⑩不迁"。

——《晋语》

注解：①说：通"悦"，喜爱。新声：流行于郑、卫等地的新乐曲。郑声乱《雅》，非《雅》《颂》之正声。②师旷：晋国的乐师，名旷，字子野。③卑：衰弱，衰微。④明兆：清晰明白的征兆。⑤开：开通。山川：指全国各地。风：风气，风化。⑥德：德化。⑦风物：风化万物。⑧节：指以礼节制音乐。⑨时节：指劳作依照时节，举动有符合礼节。⑩迩：近。

今译

晋平公喜欢听一种新乐曲，师旷说："晋国公室大概要衰微了吧！从国君的喜好中已经明白清晰地表现出衰微的征兆了。音乐是用来沟通交流各地的风化的，以便将德行传播到广阔辽远的地方。宣扬德行来推广音乐，教化各地使音乐传播到远方，使万物都受到音乐的感化，作诗来歌咏美德，制礼来节制音乐。德行传播到四方，使劳作依照时节，举动符合礼节，因此远方的人前来归服，近处的人不愿迁居。"

释义

师旷认为音乐和治国有着密切的关系。因为音乐具有陶冶感情的审美教育作用和移风易俗的巨大社会功能，所以，统治者"功成作乐，治定制礼"（《礼记·乐记》），以礼乐治国。再者，师旷能听音明政，指出新声乃亡国之音，预示着晋国将衰败。《礼记·乐记》上说："亡国之音哀以思，其民困。"又说："桑间濮上（指卫国之地）之音，亡国之音也，其政散，其民流。"而为晋平公演奏新声的就是卫国的师涓。

第二单元
凝聚民心

　　《国语》在讲天、神、君、民时，强调以民为本。国家兴亡、战争胜负，都要取决于民意。东周以来，随着周天子权力的缩小，诸侯间征伐不断，人民力量逐渐强大，神的地位逐渐下降。当统治者出谋划策、兴师动众时，不得不首先考虑民心向背，甚至把民的重要性放在神、君之上。"防民之口，甚于防川"之类闪耀着民本思想的言论，是《国语》中最富时代特色的进步内容。

邵公谏厉王弭谤

厉王虐①,国人谤王②。邵公告王曰③:"民不堪命矣④!"王怒,得卫巫⑤,使监谤者。以告⑥,则杀之。国人莫敢言,道路以目⑦。

王喜,告邵公曰:"吾能弭⑧谤矣,乃⑨不敢言。"

邵公曰:"是障⑩之也。防民之口,甚⑪于防川。川壅而溃⑫,伤人必多。民亦如之。是故为川者决之使导⑬,为民者宣⑭之使言。故天子听政⑮,使公卿至于列士献诗⑯,瞽献曲⑰,史献书⑱,师箴⑲,瞍赋⑳,矇诵㉑,百工㉒谏,庶人传语㉓,近臣尽规㉔,亲戚㉕补察,瞽、史教诲㉖,耆、艾修之㉗,而后王斟酌焉,是以事行而不悖㉘。民之有口也,犹㉙土之有山川也,财用于㉚是乎出;犹其原隰之有衍沃也㉛,衣食于是乎生。口之宣言也,善败㉜于是乎兴。行善而备败㉝,其所以阜㉞财用、衣食者也。夫民虑之于心而宣之于口,成而行之㉟,胡㊱可壅也?若壅其口,其与能几何㊲?"

王不听。于是国莫敢出言,三年㊳,乃流王于彘㊴。

——《周语》

注解:① 厉王:周厉王姬胡,周夷王之子,公元前878—

前841年在位。虐：暴虐。② 国人：古代指居住在国都里的人。农民住在田野小邑，成为野人；工商业者住在大邑，成为国人。谤：公开批评别人的过失。③ 邵公：一作召公。厉王的卿士，召康公之孙，名虎，因封于召（今陕西岐山西南），故称召公。谥号为"穆"，故称召穆公。④ 不堪：不能忍受。命：令，指周厉王暴虐的政令。⑤ 卫巫：卫国的巫师，以装神弄鬼替人祈祷为职业的人。相传巫的神灵能知谤王之人。⑥ 以告：把谤者的话报告给周厉王。⑦ 道路以目：在路上相遇，以目光示意，敢怒而不敢言。⑧ 弭（mǐ）：制止。⑨ 乃：就。⑩ 障：本义为防水的堤，这里用作动词，堵塞，阻挡。⑪ 甚：严重，厉害。⑫ 雍（yōng）：堵塞。溃：决口。⑬ 为川者：治理河流的人。为：治理。下文"为民者"的"为"同义。决：疏浚。导：畅通。⑭ 宣：开导，使他们发表意见。⑮ 听政：处理政务。⑯ 公、卿、列士：皆周朝官名。士分上士、中士、下士，故称列士。献诗：公卿列士对政治有所讽谏，用献诗的方式表达。所献的诗，可能采自民间的风谣，故能反映民情。⑰ 瞽（gǔ）：盲人，这里指乐官。古代乐官皆由盲人担任，称瞽，又称"太师"。曲：乐曲。其中多民歌，借以考察民情时政。⑱ 史：指外史之官，其职责是掌管历史文献。书：古代典籍。⑲ 师箴（zhēn）：少师进箴言。师：指少师，低于太师的乐官。箴：具有劝诫意义的文辞。⑳ 瞍（sǒu）：无眼珠的盲人。赋：不歌而诵，这里指吟咏公卿列士所献之诗。㉑ 矇：有眼珠的盲人。诵：朗诵，这里指朗诵那些箴言。㉒ 百工：各种手工艺者。㉓ 庶人：平民百姓。传语：平民不能到朝廷，有关时政得失的言论可间接传达给天子。㉔ 尽规：尽其规劝之责。㉕ 亲戚：宗室、姻亲等亲属。㉖ 瞽、史教诲：太师献曲、太史献书进行教诲。㉗ 耆（qí）：古代指六十岁的人。艾（ài）：古代指五十岁的人。这里指元老重臣。修：劝诫，警告。㉘ 悖（bèi）：违背道理。㉙ 犹：如同，好像。㉚ 于：从。是：这。

㉛原：宽阔而平坦的土地。隰（xí）：低下而潮湿的土地。衍：低下而平坦的土地。沃：有河流灌溉的土地。㉜善败：成功与失败。㉝行善而备败：推行好的，防范坏的。备：防范。㉞阜：增加。㉟成而行之：指考虑成熟就表达出来。㊱胡：何，怎么。㊲与：赞同。几何：多少。㊳三年：过了三年，即公元前841年。㊴流：流放，放逐。彘（zhì），地名，在今山西霍州。

今译

周厉王暴虐无道，国人都指责他。邵公对厉王说："百姓不能忍受您的政令了。"厉王大怒，找了一个卫国的巫师，派他监察指责天子的人，发现以后报告厉王，厉王便杀掉他们。从此国人没有谁敢批评时政，路上相遇只用眼色来示意。厉王很高兴，对邵公说："我能制止指责了，这些人不敢讲了。"邵公说："这是堵住了他们的嘴巴。堵住百姓的嘴巴，比堵塞河流还要可怕。河流若被堵住而决口，伤害的人一定多，百姓也是如此。因此治理河道的人要排除堵塞，让水流畅通，治理百姓的人要引导他们说话。所以，天子处理政事，要让公卿列士献诗、乐官献乐曲、史官献史书典籍、少师进箴言、瞍者朗诵、矇者吟咏、百工劝谏，平民的议政之言上达，近臣尽心规劝，宗室姻亲补察过失，乐官、史官加以教诲，元老重臣劝诫监督，然后天子再加以斟酌采纳，因此政事才得以施行而不与情理相违背。百姓有口可以说话，好比土地上有山川一样，财用就从这里生产出来；好比平原低地上有良田沃土，衣食就从这里生产出来。嘴用来议论，政事的成功与失败能借以反映，才能够做好事而防止坏事，方能使财源旺盛、衣食富足。百姓心里考虑的在口头上发表出来，这是很自然的事，怎么可以强行阻止呢？如果堵住他们的嘴巴，那么还有多少人拥护您呢？"厉王不听劝告，于是国都里没有人敢批评时政，过了三年，国人便把厉王放逐到彘地去了。

释义

发生国人暴动的原因是周厉王极其暴虐,不听邵公忠谏,滥施淫威,派卫巫监视,导致国人道路以目,敢怒不敢言。这篇文章给我们的启示是:对待民众的舆论,是堵还是引导? 看来还是应该像大禹治水一样,及时疏导。从文中看,古代天子治理国家,极其重视民众舆论,有一套多渠道听取臣民意见的制度,这是原始社会中民主制度的遗存,也是西周初年的民本思想在国家政治中的体现。和周厉王相反的例子,是《左传》中郑国的子产不毁乡校,让百姓在乡校里畅所欲言,议论国政的得失。

芮良夫论荣夷公专利

原文

厉王说荣夷公①,芮良夫②曰:"王室其将卑乎③! 夫荣公好专利④而不知大难。夫利,百物⑤之所生也,天地之所载⑥也,而或⑦专之,其害多矣。天地百物,皆将取焉,胡⑧可专也? 所怒甚多,而不备大难,以是⑨教王,王能久乎? 夫王人者⑩,将导利而布之上下者也⑪,使神人百物无不得其极⑫,犹日怵惕⑬,惧怨之来也。故《颂》⑭曰:'思文后稷⑮,克⑯配彼天。立我蒸民⑰,莫匪尔极⑱。'《大雅》⑲曰:'陈锡载周⑳。'是㉑不布利而惧难乎？故能载周，以至于今。今王学专利，其可乎？匹夫㉒专利，犹谓之盗，王而行之，其归鲜矣㉓。荣公若用㉔，周必败。"既㉕，荣公为卿士㉖，诸侯不享㉗，王流于彘。

——《周语》

注解：①说(yuè)：通"悦"，喜欢，宠爱。荣夷公：周同姓畿内诸侯。荣：封国名，在今陕西户县。夷：谥号。为周天子卿士。②芮(ruì)良夫：周大夫芮伯。③其：大概，恐怕。卑：卑微，衰败。④专利：擅利，垄断利益。⑤百物：万物，泛言其多。⑥载：成，生成，指受天地之气以生成百物。⑦或：有人。⑧胡：何，怎么。⑨是：这，指专利。⑩王人者：为王统治百姓的人。⑪导利：开利。布：施与。上下：上指天神，下指人与物。⑫得其极：得到最大的好处。极：最，这里作名词。⑬怵(chù)惕：戒惧。⑭《颂》：指《诗经·周颂·思文》。这是一首周人祭祀其始祖后稷的诗。⑮思：发语词。文：文德。经天纬地曰文。后稷：周的始祖，名弃，舜的农官，教民播种百谷。⑯克：能够。⑰立：同"粒"，谷粒。用作动词，用粮食养育。一说"存立"。蒸民：众民。相传尧时，天下洪水遍布，民无食，后稷播种百谷，使民得生。⑱莫匪尔极：没有什么不是你的大恩德。匪：通"非"，不。极：功德达到极点，引申为大德。⑲《大雅》：指《诗经·大雅·文王》。这是一首歌颂周文王功德的诗。⑳陈：通"申"，一再，重复。锡：通"赐"，赐予，施恩于百姓。载：创建。㉑是：指代后稷与周文王。㉒匹夫：百姓，普通人。㉓归：归附的人。鲜(xiǎn)：少。㉔用：被重用。㉕既：相当于"既而"，不久。㉖卿士：官名，周王室的执政官。㉗不享：诸侯不向天子进贡，不来朝见。享：献。

今译

周厉王宠爱荣夷公,芮良夫说:"王室大概要衰败了!荣夷公只求独占好处而不知道大祸患。利是由万物中产生出来的,是由天地所养育而成的,如果要独占它,所带来的怨恨会很多。天地万物,人人都要取用,怎么可以独占呢?被触怒的人太多而不防备大祸患,用这些来教诲大王,大王能长治久安吗?治理百姓,应该开通利途而施与神、人和万物,使天神百姓和世间万物无不得到它应得的一份,即使这样尚且整天畏惧,担心招来怨恨。所以《周颂》说:'文德广大的后稷啊,功德上可比天;使百姓得以生存,无不受到你的大恩。'《大雅》说:'一再地施德,奠定了周朝。'这不正是布施恩惠仍怀有戒惧之心吗?所以能成就王业并延续至今。现在陛下要学着独占好处,这可以吗?普通人独占好处,尚且被称为盗贼,作为天子这样做的话,归附王室的人就很少了。荣夷公若被重用,周朝一定会衰败。"不久,荣夷公担任了卿士,诸侯都不来朝见进贡了,厉王被放逐到了彘地。

释义

周厉王不但制造白色恐怖,在政治上残酷压迫百姓,还任用荣夷公垄断山林,独占好处,与民争利。这与民本思想是背道而驰的,自然得不到百姓的拥护,众叛亲离是必然的。

曹刿问战

原文

长勺之役①，曹刿问所以战于庄公②。公曰："余不爱③衣食于民，不爱牲玉④于神。"对曰："夫惠本而后民归之志⑤，民和⑥而后神降之福。若布德于民而平均其政事，君子务治而小人务力⑦；动⑧不违时，财不过用⑨；财用不匮，莫不能使共祀⑩。是以用民无不听，求福无不丰。今将惠以小赐，祀以独恭。小赐不咸⑪，独恭不优⑫。不咸，民不归也；不优，神弗福也。将何以战？夫民求⑬不匮于财，而神求优裕于享者也，故不可以不本。"公曰："余听狱虽不能察⑭，必以情⑮断之。"对曰："是则可矣。知夫苟中心图民⑯，智虽弗及，必将至焉。"

——《鲁语》

注解：① 长勺(shuò)之役：是发生在公元前684年鲁国长勺的一次齐鲁战争，结果鲁国以弱胜强，取得胜利。长勺：地名。在今山东曲阜境内。② 曹刿(guì)：鲁国士人。《史记·刺客列传》作曹沫，曾随鲁庄公在柯地与齐桓公会盟，用匕首胁迫齐桓公归还被侵占的土地。以：凭借，依靠。庄公：鲁庄公，名同，公元前693—前662年在位。③ 爱：吝惜。④ 牲玉：牺牲和玉帛。指祭祀供神之物，牺牲为牛、猪、羊，玉帛为玉璧绸缎等。⑤ 本：指百姓。志：指民心。⑥ 和：和睦团结。⑦ 务治：致力于治理国家。务力：致力于生产劳动。⑧ 动：指动用民力的举动。⑨ 过用：指逾越礼制。⑩ 共祀：指君主和民众都有财力供奉祭祀神灵。⑪ 咸：普遍，普及。⑫ 优：丰裕。⑬ 求：祈求，希求。⑭ 听狱：指审判案件。察：明察。⑮ 情：实情。⑯ 苟：如果，假使。中心：即心中。图民：考虑民众之事。

今译

鲁国将和齐国在长勺交战，曹刿问鲁庄公凭借什么来作战。庄公说："我对百姓从不吝惜衣食，对神灵从不吝惜牛羊和玉器。"曹刿回答说："只有以施惠为根本，百姓才会衷心归附，百姓安宁，然后神灵才会降福。如能向百姓广施恩德，并公平合理地处理政事，使君子专心于协助治国，小民致力于生产劳动，同时你动用民力不违背时令，耗费不超过常度，这样财用就不会匮乏，举国上下都有丰厚的祭品供奉神灵。所以你役使百姓没有不听从的，求福于神没有不多降福的。现在你只是给百姓施点小惠，独自向神灵供奉祭品。小惠不能普遍，独自供奉也不能使国家上下丰裕。不普遍施恩德，百姓就不会归附，供奉不丰厚，神灵不会降福，你还凭什么去作战呢？百姓所求的是财用不匮乏，神灵所求的是祭品的丰厚，所以不可以不从根本上入手。"庄公说："我审理百姓的诉讼案件时虽然不能做到体察一切，但总是力求合情合理。"曹刿回答说："这样就可以作战了。只要内心确实为百姓考虑，智慧即使有所不及，也一定能达到目的。"

释义

长勺之战是我国历史上一个以少胜多、以弱胜强的著名战例。齐桓公固然强大,颇具慧眼的曹刿认为人心向背是决定战争胜败的决定因素,只要施惠于民,获取民心,强大的齐桓公也不可怕了。鲁庄公考虑民事,取信于民,所以就取得了胜利。

臧文仲如齐告籴

原文

鲁饥①,臧文仲言于庄公曰②:"夫为四邻之援③,结诸侯之信,重之以婚姻,申之以盟誓,固国之艰急是为④。铸名器⑤,藏宝财⑥,固民之殄病是待⑦。今国病矣,君盍以名器请籴于齐⑧?"公曰:"谁使?"对曰:"国有饥馑⑨,卿出告⑩籴,古之制也。辰也备卿,辰请如齐。"公使往。

从者曰:"君不命吾子,吾子请之,其为选事⑪乎?"文仲曰:"贤者急病而让夷⑫,居官者当事不避难,在位者恤民之患,是以国家无违⑬。今我不如齐,非急病也。在上不恤下,居官而惰,非事君也。"

文仲以鬯圭与玉磬如齐告籴⑭,曰:"天灾流行,戾⑮于弊邑,饥馑荐⑯降,民羸几卒⑰,大惧乏周公、太公之命祀⑱,职贡业事之不共而获戾⑲。不腆⑳先君之币器,敢告滞积㉑,以纾执事㉒,以救弊邑,使能共职。岂唯寡君与二三臣实受君赐,其周公、太公及百辟神祇实永飨而赖之㉓!"齐人归其玉而予之籴。

——《鲁语》

注解：① 鲁饥：鲁国发生饥荒，在鲁庄公二十八年（公元前 666 年）冬天。② 臧文仲：鲁卿，名辰，臧哀伯之孙、伯氏瓶之子。③ 四邻：指周边国家。援：支援，救援。④ 国之艰急是为：是为了国家急难时得到救助。⑤ 名器：名贵的宝器，如钟鼎之类。⑥ 宝财：珍贵的财物，如玉帛之类。⑦ 殄(tiǎn)：绝尽。病：指饥饿困乏。⑧ 盍：何不。籴(dí)：买粮食。⑨ 饥馑：谷不熟为饥，蔬不熟为馑。⑩ 告：请。⑪ 选事：自己选择职事。⑫ 夷：平，指平易的事。⑬ 无违：指无违礼悖逆之事。⑭ 鬯(chàng)圭：祭祀宗庙时盛灌鬯酒的礼器，有勺，以玉为柄，长一尺二寸。玉磬：玉石制作的磬，宫廷中演奏雅乐时的一种乐器。⑮ 戾(lì)：至，来到。⑯ 荐：再，重，指连年歉收。⑰ 赢：弱，这里指饥病。几：接近。卒：死。⑱ 周公：鲁国始祖。太公：齐国始祖。命祀：天子所命祭祀之礼制。⑲ 职贡：向王室朝贡之职守。共：通"供"，供给。戾：罪。⑳ 腆：丰厚。㉑ 滞积：指粮仓里积贮很久的粮食。㉒ 纾：缓解。执事：指齐国主管仓廪的官员。㉓ 辟：君主。百辟：指鲁国先王、先公。祇：土地神。赖：蒙受。

今译

鲁国发生饥荒，臧文仲对鲁庄公说："与邻国结好、相互支持，取得诸侯的信任，彼此缔结婚姻关系，并用盟约誓言来巩固友好关系，本是为了在必要时解救国家的急难。铸造钟鼎宝器，贮藏玉帛财物，本是为了在饥荒时救助百姓的困苦。现在国家遇到了饥荒，国君为何不用钟鼎宝器向齐国求购粮食呢？"庄公说："谁能出使?"臧文仲回答说："国家遇到饥荒,由卿大夫出使求购粮食,这是古代的制度。我充任列卿之位,请派我去齐国。"于是庄公派遣臧文仲前往齐国。

臧文仲的随从说："国君没有指派你,你却主动请求,这不是自己挑选差事去干吗?"文仲说："贤德的人应该以国家危难为急而谦让平常易办的事务,为官者应该遇事而不避危难,在位者应该体恤百姓的忧患,这样国家才能安定而不违背礼制。现在我不去齐国,就是不以国家危难为急了。处于上位而不体恤百姓,为官而又疏于理事,不是臣子侍奉国君所该做的。"

臧文仲带着鬯圭和玉磬到齐国求购粮食,说："天灾流行,殃及敝国,连年饥荒,百姓瘦弱疲惫,濒临死亡。周公、太公不能享受祭祀,给王室的贡品也难以供给,我们国君很担心因此而获罪。所以献上先君不丰厚的宝器,冒昧地请求交换贵国积余的粮食。这既可缓解贵国管理仓廪官吏的负担,也可解救敝国的饥荒,使我们能继续担当向王室朝贡的职守。这样,不但我们的国君和臣子蒙受贵国国君的恩惠,就是周公、太公和天地间的所有神祇也借此可以长久得到祭祀。"齐人退还了玉器,并把粮食借给了鲁国。

释义

鲁国闹饥荒,百姓疲惫不堪。解决得好不好,关系到鲁国政局的稳定与否。臧文仲忧国忧民,主动请缨出使齐国求购粮食,并顺利完成了任务,使鲁国摆脱了困境。这是一个忠于国事、体恤民情的臧文仲,和《展禽论祭爰居非政之宜》里的那个不仁不智的臧文仲是截然不同的。全面地看一个人,才能得出客观的结论。

里革论君之过

原文

晋人杀厉公①，边人②以告，成公在朝。公曰："臣杀其君，谁之过也？"大夫莫对，里革曰："君之过也。夫君③人者，其威大矣。失威而至于杀，其过多矣。且夫君也者，将牧民④而正其邪者也。若君纵私回⑤而弃民事，民旁有慝无由省之⑥，益邪多矣。若以邪临⑦民，陷而不振⑧，用善不肯专，则不能使，至于殄灭而莫之恤也⑨，将安用之？桀奔南巢⑩，纣踣于京⑪，厉流于彘⑫，幽灭于戏⑬，皆是术⑭也。夫君也者，民之川泽也。行而从之，美恶皆君之由，民何能为焉。"

——《鲁语》

注解：① 晋人杀厉公：公元前573年，晋卿栾书、中行偃派程滑杀了晋厉公。厉公：晋厉公，晋国国君，是晋景公之子，姬姓，晋氏，名寿曼，一名州蒲。公元前580—前573年在位。② 边人：边防官员。③ 君：统治，治理。④ 牧民：治理百姓。⑤ 回：邪恶，不正当。⑥ 旁：普遍，广泛。慝(tè)：邪恶。省：省察，明察。⑦ 临：统治。⑧ 振：通"赈"，拯救，挽救。⑨ 殄(tiǎn)灭：灭亡，颠覆。恤：顾惜，同情。⑩ 桀(jié)：夏朝末代暴君，被汤放逐于南巢。南巢：地名，在今安徽巢湖西南。⑪ 纣(zhòu)：商纣王，商朝末代暴君。踣(bó)：倾覆，败亡。

⑫ 厉：周厉王，西周暴君，被国人流放于彘。⑬ 幽：周幽王，西周末代暴君，相传宠爱褒姒，举烽火戏弄诸侯，被申侯引犬戎入京杀于戏。戏：地名，即戏亭，在今陕西临潼东北戏水西岸。⑭ 术：道路，方法。

今译

晋国人杀了晋厉公，鲁国防守边境的官员把这个消息报告给朝廷，鲁成公正好在朝堂上。成公听到后说："臣子杀了他的国君，是谁的过错呢？"大夫们没有人回答。里革回答说："这是国君的过错。统治百姓的人，他的威严是极大的。完全丧失威严以至于被杀，是由于他的过错太多了。而且为君的，应该治理百姓并纠正他们不正当的行为。如果国君放纵自己的私欲而放弃了治理百姓的事情，百姓中间发生的邪恶的事情没有人明察，就会使邪恶越来越多。如果用邪恶的办法治理百姓，政事就会败坏而不能挽救。施行仁政又不肯一心一意地坚持，就不能支配百姓。百姓到了灭亡的地步也不去体恤，那么还要国君做什么？夏桀出逃到南巢，商纣王死在朝歌，周厉王被流放到彘地，周幽王在戏亭身亡，都是走的同一条道路。国君就好比养育百姓的川泽。百姓的举动都跟着他，好坏都由国君决定，百姓能起什么作用呢？"

释义

晋人杀晋厉公的消息传到鲁国，鲁国君臣之间展开了一场"臣杀其君，谁之过也"的讨论。里革认为是国君之过。国君如不对百姓施行仁政，必亡不可，历代的暴君，如桀、纣、厉、幽之流，皆是如此。这种抨击暴君的言论为孟子所继承，《孟子·梁惠王下》记载：齐宣王问孟子，商汤放逐夏桀、武王伐纣这般地弑君，可以吗？孟子回答，只听说杀了一个独夫纣，没听说过弑君的事。再者，"夫君也者，民之川泽也。行而从之，美恶皆君之由，民何能为焉"这样的话，强调了国君要对百姓负责任。

季文子论妾马

原文

季文子相宣、成①，无衣②帛之妾，无食③粟之马。仲孙它④谏曰："子为鲁上卿，相二君矣，妾不衣帛，马不食粟，人其以子为爱⑤，且不华⑥国乎！"文子曰："吾亦愿之。然吾观国人，其父兄之食粗而衣恶者犹多矣，吾是以不敢。人之父兄食粗衣恶，而我美妾与马，无乃非相人⑦者乎！且吾闻以德荣为国华，不闻以妾与马。"

文子以告孟献子⑧，献子囚之七日⑨。自是，子服之妾衣不过七升之布⑩，马饩不过稂莠⑪。文子闻之曰："过而能改者，民之上也。"使为上大夫⑫。

——《鲁语》

注解：① 相：辅佐。宣、成：鲁宣公、鲁成公。② 衣(yì)：穿，名词用作动词。③ 食(sì)：喂。④ 仲孙它：又称子服它、子服孝伯，孟献子的儿子，鲁国大夫。⑤ 爱：吝啬。⑥ 华：荣华、光华。⑦ 相人：辅佐国君的人。⑧ 孟献子：仲孙它之父仲孙蔑。⑨ 囚：关押。⑩ 七升之布：古时八十缕为一升。用升之多少计布的优劣。朝服十五升，是一种优质的细布。七升之布为粗劣的布。⑪饩(xì)：马饲料。粮莠(láng yǒu)：有害于禾苗的杂草，可作牲口饲料。⑫上大夫：古职官名。春秋时期国君之下有卿、大夫、士三级。大夫序列内又分为上大夫、中大夫、下大夫三等。

今译

季文子辅佐鲁宣公和鲁成公时，他的妾不穿丝帛，马匹不喂粮食。仲孙它劝他说："您是鲁国的上卿，辅佐过两朝国君，妾不穿丝帛，马匹不喂粮食，国人恐怕会以为您吝啬，而且国家不也没光彩吗？"季文子说："我也愿意妾穿丝帛，马吃粮食。但是我看国人中父兄吃粗粮、穿陋衣的还很多，所以我不敢那样做。别人的父兄衣食粗陋，而我却优待妾和马，这难道是辅佐国君的人该做的吗？况且我只听说高尚的德行可以为国增添光彩，却没有听说过以妾和马来夸耀的。"

季文子把这件事告诉了仲孙它的父亲孟献子。孟献子为此把仲孙它关押了七天。从这以后，仲孙它的妾只穿粗布，喂马的饲料也只是稗草。季文子知道后说："知错能改，是人中的俊杰啊。"于是推荐仲孙它担任上大夫。

释义

年轻的仲孙它是个锦衣玉食的纨绔子弟，不但自己享乐，还劝说两朝元老季文子享乐，认为他"妾不衣帛，马不食粟"太不体面。两人对执政者的生活究竟该俭朴还是要奢华进行了讨论。最后，仲孙它认识到了自己的错误。只有过俭朴的生活，才能培养出高尚的道德品质，为国争光。而脱离百姓的奢华生活，必遭百姓反对。得不到百姓的支持，是无法执掌政事的。

文 公 伐 原

原文

　　文公伐原①,令以三日之粮。三日而原不降,公令疏军而去之②。谍出曰③:"原不过一二日矣!"军吏以告,公曰:"得原而失信,何以使人? 夫信,民之所庇也④,不可失也。"乃去之,及孟门⑤,而原请降。

——《晋语》

　　注解:① 原:姬姓小国,在今河南济源西北。② 疏军:撤军。③ 谍:间谍,刺探军情的人。④ 庇:庇护。⑤ 孟门:原国附近地名。

今译

　　晋文公出兵讨伐原国,命令携带三天的口粮。到了三天,原国还不投降,文公就下令晋军撤退。这时探子出城来报告说:"原国最多还能支持一两天了!"军吏将这一消息汇报给晋文公,文公说:"得到原国而失去信义,那又依靠什么来役使百姓呢?信义是用来庇护百姓的,因此不可失信。"于是晋军便撤离了原国,到了原国附近孟门这个地方,原国便请求投降了。

释义

　　晋文公讨伐原国,遵守三天攻不下就撤军的承诺。由于他认识到讲信用对国君的重要性，不能失信于民，结果不凭借武力讨伐就使原国归附了。晋文公能称霸中原，和他取信于民是分不开的。

子常问蓄货聚马斗且论其必亡

原文

斗且迂见令尹子常①，子常与之语，闻蓄货聚马。归以语其弟，曰："楚其亡乎！不然，令尹其不免乎！吾见令尹，令尹问蓄聚积实②，如饿豺狼焉，殆必亡者也。

"夫古者聚货不妨民衣食之利，聚马不害民之财用，国马③足以行军，公马足以称赋④，不是过也。公货足以宾⑤献，家货⑥足以共用，不是过也。夫货、马邮则阙于民⑦，民多阙则有离叛之心，将何以封⑧矣。

注解：①斗且：楚国大夫。迂：往。子常：名囊瓦，子囊之孙，楚昭王时任令尹。②实：财富。③国马：民马。国家向民众征收国马，以充军用。④公马：诸侯的戎马。赋：军赋。⑤宾：宴享馈赠。⑥家货：卿大夫的私财。⑦邮：超过，过分聚集。阙：缺。⑧封：立国，维持国家。

原文

"昔斗子文⑨三舍令尹，无一日之积，恤民之故也。成王⑩闻子文之朝不及夕也，于是乎每朝设脯⑪一束、糗⑫一筐，以羞⑬子文。至于今秩⑭之。成王每出子文禄，必逃，王止而后复。人谓子文曰：'人生求富，而子逃之，何也？'对曰：'夫从政者，以庇⑮民也。民多旷⑯者，而我取富焉，是勤民以自封也⑰，死无日矣。我逃死，非逃富也。'故庄王之世，灭若敖氏⑱，唯子文之后在，至于今处郧⑲，为楚良臣。是不先恤民而后己之富乎？

注解：⑨斗子文：即於菟，字子文。斗伯比之子，楚成王时令尹。⑩成王：楚成王，公元前671—前626年在位。⑪脯(fǔ)：干肉。⑫糗(qiǔ)：干粮。⑬羞：进献。⑭秩：常例，惯例。⑮庇：庇护，保护。⑯旷：空，因家贫困无财而空。⑰勤：辛劳。自封：使自己富厚。封：厚。⑱若敖氏：斗子文之家族。⑲郧(yún)：楚地名，在今湖北安陆。子文后代在楚昭王时封为郧公。

原文

"今子常，先大夫⑳之后也，而相楚君无令名㉑于四方，民之羸馁㉒，日已甚矣。四境盈垒㉓，道殣㉔相望，盗贼司目㉕，民无所放㉖。是之不恤，而蓄聚不厌，其速㉗怨于民多矣。积货滋多㉘，蓄怨滋厚，不亡何待。

"夫民心之愠也，若防大川焉，溃而所犯必大矣。子常其能贤于成、灵㉙乎？成不礼于穆㉚，愿食熊蹯㉛，不获而死。灵不顾于民㉜，一国弃之，若遗迹㉝焉。子常为政，而无礼不顾甚于成、灵，其独何力以待之！"期年，乃有柏举之战㉞，子常奔郑，昭王奔随㉟。

—— 《楚语》

注解：⑳ 先大夫：指子囊。㉑ 令名：美名。㉒ 羸（léi）馁：瘦弱饥饿。㉓ 盈垒：布满壁垒。㉔ 殣（jǐn）：路边掩埋饿死之人的坟墓。㉕ 盗贼司目：盗贼张目窥伺。司：通"伺"。㉖ 放：依靠。㉗ 速：招致。㉘ 货：财物。滋：越，更加。㉙ 成：楚成王。灵：楚灵王。㉚ 成不礼于穆：指楚成王想废掉太子商臣，立职为太子之事。穆：楚穆王，名商臣，楚成王之子。公元前625—前614年在位。㉛ 熊蹯（fán）：熊掌。指楚成王欲废太子商臣，商臣率兵围攻楚成王，成王请求吃了熊掌以后再死，想等待援兵。商臣不肯，说"熊掌难熟"，成王被迫自杀。㉜ 灵不顾于民：指灵王暴虐，大兴土木筑陈、蔡、不羹城墙，建造章华宫，多次对外用兵，不恤民力。㉝ 遗迹：行人遗弃其足迹，比喻不经意。㉞ 柏举之战：公元前509年，蔡昭侯朝见楚昭王，子常想要他的佩玉，唐成公也来朝见楚昭王，子常想要他骑的骕骦马，两人都不肯给，便被子常扣在楚国三年，蔡国人和唐国人只好将佩玉、骕骦马交出，两人才被释放回国。蔡昭侯、唐成公咽不下这口恶气，便联合吴国，举兵伐楚，公元前506年，在柏举交兵，大败楚军，占领楚国郢都。㉟ 随：国名，在今湖北随县南。

今译

斗且前去见令尹子常，子常和他谈话，打听怎样才能积聚财物、聚敛马匹。斗且回家后告诉他的弟弟说："楚国大概要灭亡了吧！如果不是这样，令尹恐怕不免于遭难！我拜见令尹，令尹打听怎样聚敛财物，像饥饿的豺狼一样，恐怕是一定要败亡的。

"古时候积聚财物不妨害百姓衣食的利益，聚敛马匹不损害百姓的财物，国家征收的马匹能满足行军作战就行了，诸侯的戎马能与兵赋的需要相称，不超过这个限度。公卿的财物足够宴享馈赠所用，大夫家的财物足够供给使用，不超过这个限度，财物与马匹聚敛过多百姓就会穷困，百姓过于穷困就会有背叛之心，那用什么来立国呢？

"从前斗子文三次辞去令尹的官职，家里没有一天的储粮，是体恤百姓的缘故。楚成王听说子文吃了早饭就没有晚饭，因此每逢上朝时就准备一束肉干、一筐粮食送给子文。直到现在已成为国君对待令尹的惯例。成王每次赏赐子文俸禄，子文一定要辞官逃避，等到成王不再这样做，然后他才回来任职。有人对子文说：'别人活着都追求富贵，但您却逃避它，为什么呢？'子文回答说：'从政做官，是保护百姓的。百姓都很贫困，而我却贪图富贵，这是让百姓辛劳而使自己富裕，不知哪天就会遭祸而死。我是在逃避死亡，不是在逃避富贵。'所以楚庄王在位的时候，灭掉了若敖氏家族，只有子文的后代还在，一直到现在还住在郧地，为楚国的良臣。这不是先体恤百姓然后自己才富有吗？

"现在执政的子常，是先大夫子囊的后代，辅佐楚国国君却在诸侯中没有好名声。百姓瘦弱挨饿，一天比一天厉害。四周边境布满了堡垒，道路上掩埋饿死人的坟墓随处可见，盗贼张目窥伺，百姓无所依靠。他不去体恤这些，反而聚敛财物不知满足，招致百姓怨恨太多了。积累的财货越多，蓄积的怨恨也就越深，不灭亡还等什么时候？

"百姓心中蓄积的愤怒，就像被堵截的大河一样，一旦堤防崩溃，破坏一定很大。子常的下场还能比成王和灵王好吗？成王想要废黜穆王太子的地位，临死时想吃熊掌，没有得到就死了。灵王不顾百姓死活,全国的人都抛弃了他,就像行人遗弃脚印一样。子常执政违背礼法,不顾百姓死活,远远超过成王、灵王,他独自一个人有什么力量来抵御灾难呢?"一年以后,就发生了吴、楚柏举之战,子常逃亡到了郑国,楚昭王逃到随国。

释义

斗且根据历史事实,认识到蓄货聚马则民心散,散财则民心聚,预测贪得无厌的子常必然会遭到百姓的怨恨,结局必亡,颇具远见卓识。斗且反对聚敛无度,呼吁"恤民""庇民",并且把百姓的愤怒比作难以阻挡的滔滔洪水,这和邵公"防民之口,甚于防川"的思想是一脉相承的。

第三单元

举贤任能

　　一个国家将要兴旺起来的时候，当权者总是礼贤下士，到要灭亡时，就要嫉贤妒能了。只有政治清明，才能防止本国人才外流，并能引进人才。至于齐桓公、晋文公能建立霸业，完全归功于他们善于使用人才。重视人才、举贤任能的事例在《国语》中比比皆是。

箕郑对文公问

晋饥,公问于箕郑①曰:"救饥何以?"对曰:"信②。"公曰:
"安信?"对曰:"信于君心③,信于名④,信于令⑤,信于事⑥。"
公曰:"然则若何?"对曰:"信于君心,则美恶不逾⑦。信于
名,则上下不干⑧。信于令,则时无废功⑨。信于事,则民从
事有业⑩。于是乎民知君心,贫而不惧,藏出如入⑪,何匮⑫
之有?"公使为箕⑬。及清原之蒐⑭,使佐新上军⑮。

——《晋语》

注解:①箕郑:即箕郑父,晋国大夫。②信:指讲求信
用。③信于君心:国君在心里要讲求信用。④名:名分,指
君臣上下名分。⑤令:政令。⑥事:指使用民力之事。
⑦逾:逾越。⑧干:犯。⑨时:农时。废功:废弃农功。
⑩业:次,秩序。⑪藏:储藏。入:收入。⑫匮:缺乏。
⑬箕:晋邑名,在今山西太谷东。为箕:担任箕邑大夫。
⑭清原:晋地名。在今山西稷山东南。蒐(sōu):打猎。古
代趁打猎时阅军练兵,故引申为检阅军队。⑮新上军:晋在
清原之蒐时扩建新上、下二军,与原上、中、下三军合为五军。

今译

晋国闹饥荒,文公问箕郑说:"用什么来救饥荒?"箕郑回答

说:"用守信用来救饥荒。"文公问:"怎样才能做到守信用?"箕郑回答说:"国君在心中要讲信用,尊卑名分上要讲信用,实施政令要讲信用,使用民力要讲信用。"文公说:"讲了信用又会怎样?"箕郑回答说:"国君在心中讲信用,那就不会混淆善恶。尊卑名分上讲信用,那下就不会侵犯上。实施政令讲信用,那就不会耽误农时废弃农功,使用民力讲信用,那百姓从业就各得其所。这样一来,百姓了解国君的心,即使贫困也不害怕,富裕的人拿出储藏的财物用来救济,如同往自己家里送东西一样,那又怎么会穷困匮乏呢?"文公便任箕郑为箕地大夫。等到清原阅兵的时候,让他担任新上军的副将。

释义

晋国闹饥荒,箕郑认为要救饥荒,必须在政治上对百姓树立四种信用,体现了他的见识和才能。因此,晋文公不但接受了他的意见,还让他当箕地大夫和新上军的副将。

文公任贤与赵衰举贤

原文

文公问元帅于赵衰①,对曰:"郤縠②可,行年③五十矣,守学弥惇④。夫先王之法志⑤,德义之府也⑥。夫德义,生民⑦之本也。能惇笃⑧者,不忘百姓也。请使郤縠。"公从之。公使赵衰为卿⑨,辞曰:"栾枝⑩贞慎,先轸⑪有谋，胥臣⑫多闻，皆可以为辅佐，臣弗若也。"乃使栾枝将下军，先轸佐之。取五鹿，先轸之谋也。郤縠卒，使先轸代之。胥臣佐下军。公使原季为卿⑬，辞曰："夫三德⑭者，偃之出也。以德纪民⑮，其章⑯大矣，不可废也。"使狐偃为卿，辞曰："毛⑰之智，贤于臣，其齿⑱又长。毛也不在位，不敢闻命。"乃使狐毛将上军，狐偃佐之。狐毛卒，使赵衰代之，辞曰："城濮之役，先且居⑲之佐军也善，军伐⑳有赏，善君㉑有赏，能其官㉒有赏。且居有三赏，不可废也。且臣之伦㉓，箕郑、胥婴、先都在㉔。"乃使先且居将上军。公曰："赵衰三让㉕。其所让，皆社稷之卫也。废让，是废德也。"以赵衰之故，蒐于清原，作五军㉖。使赵衰将新上军，箕郑佐之；胥婴将新下军，先都佐之。子犯卒，蒲城伯请佐，公曰："夫赵衰三让不失义。让，推贤也；义，广德也。德广贤至，又何患矣。请令衰也从子。"乃使赵衰佐新上军㉗。

——《晋语》

注解：① 元帅：指中军元帅，上卿。晋有上、中、下三军，以中军为最高，由中军元帅统率全军。赵衰（cuī）：晋卿，字子馀，一作子余。② 郤縠（hú）：晋国大夫。③ 行年：经历年岁。④ 弥：更加。惇（dūn）：深厚，引申为广博。⑤ 法志：记载典范言行的典籍。志：记。⑥ 德义：道德，义理。府：府库。⑦ 生民：教养人民。⑧ 惇笃：敦厚、笃守。⑨ 卿：官名。⑩ 栾枝：晋国大夫。栾共叔之子，亦称栾贞子。⑪ 先轸：晋卿，又称原轸。⑫ 胥臣：晋国大夫，又名白季、司空季子。⑬ 原季：即赵衰，因曾任原大夫，故称原季。卿：这里指次

卿。⑭三德：指三项好事。即劝文公纳襄王，教百姓知君臣之义；伐原按期撤围，取信于民；大规模检阅军队，教育百姓知礼仪。⑮纪民：治理百姓。⑯章：通"彰"，显明，彰著。⑰毛：狐毛。狐突之子，狐偃之兄，晋国大夫。⑱齿：年齿，指代年龄。⑲先且居：晋国大夫，先轸之子，即蒲城伯。又食邑于霍，亦称霍伯。⑳伐：功。㉑善君：善于以道义辅佐君主。㉒能其官：能够胜任其官职。㉓伦：同类，同辈。㉔胥婴、先都：都是晋国大夫。㉕三让：指赵衰三次辞让卿位。㉖作五军：建制五个军。晋原有上、中、下三军，清原大阅兵时，增置新上军、新下军，共五军。㉗新上军："新"字为衍文，当为"上军"。新上军主帅位在上军副帅之下。

今译

　　晋文公问赵衰谁可担任中军元帅，赵衰回答说："郤縠可以。他已经五十岁了，还坚持学习，而且更加广博。先王的典籍，是道德义理的宝库。道德和义理，是教养百姓的根本。能够重视这些并坚持学习的人，是不会忘记百姓的。请让郤縠担任这个官职。"文公采纳了赵衰的建议。文公又任命赵衰为卿，赵衰推辞说："栾枝忠贞谨慎，先轸足智多谋，胥臣见闻广博，都可以来辅佐，我不如他们。"于是文公任命栾枝统帅下军，由先轸为副将辅助他。后来攻取五鹿，便是先轸出的计谋。郤縠死后，又让先轸接替他任中军统帅。由胥臣担任下军副将。文公又让赵衰任下卿，赵衰推辞说："那三桩有功德的好事，都是狐偃出的计谋。用德行来治理百姓，成效十分显著，不可不任用他。"文公便任命狐偃为下卿，狐偃推辞说："狐毛的才智超过我，年龄又比我大。狐毛如果不在其位，我也不敢接受您的任命。"文公于是让狐毛统帅上军，由狐偃担任副将辅助他。狐毛死后，文公让赵衰代替他任上军统帅，赵衰又推辞说："在城濮之战中，先且居辅佐治军干得很好，立军功的应当得到奖赏，以道义辅佐君王的应当得到奖赏，能胜任的应当得到奖赏。先且居有这样三种应当得到的奖赏，不可不加重用。而且和我一样的人，如箕郑、胥婴、先都等都还在。"文公于是让先且居统帅上军。文公说："赵衰三次辞让，他所推荐的，都是些国家得力的保卫者。废弃辞让，就是废弃德行。"因为赵衰的缘故，文公在清原地方举行阅兵仪式，把原来的三军扩充为五军。任命赵衰担任新上军的统帅，由箕郑担任副将辅助他；胥婴担任新下军的统帅，由先都担任副将辅助他。子犯死后，蒲城伯先且居请求委派副将，文公说："赵衰三次推让，推荐人才都符合礼仪。谦让是为了推荐贤人，礼义是为了推广道德。推广道德，贤才就来了，那还有什么可忧虑的呢！请让赵衰随从你担任副将。"于是，晋文公便派赵衰担任上军的副将。

释义

晋文公注重德行和才干，善于任用贤才，而赵衰三次推让不当卿，颇为谦逊。君任贤用贤，臣让贤举贤，美行良德蔚然成风，所以晋国才能繁荣昌盛，称霸中原。

臼季举冀缺

原文

臼季使①，舍于冀野②。冀缺耨③，其妻馌④之，敬，相待如宾。从而问之，冀芮之子也，与之归；既复命，而进之曰："臣得贤人,敢以告。"文公曰："其父有罪⑤,可乎?"
对曰："国之良也,灭⑥其前恶,是故舜之刑也殛鲧⑦,其
举也兴禹。今君之所闻也。齐桓公亲举管敬子⑧,其
贼⑨也。"公曰："子何以知其贤也?"对曰："臣见其不忘敬
也。夫敬,德之恪⑩也。恪于德以临事⑪,其何不济⑫!"
公见之,使为下军大夫。

——《晋语》

注解：① 臼季：即胥臣,司空季子,晋国大夫,下军的副
将。② 冀：晋邑名,在今山西河津东。野：郊野。③ 冀缺：
即郤缺、郤成子,冀芮(即郤芮)之子。薅(hāo)：除草。④ 馌
(yè)：给在田里劳动的人送饭。⑤ 其父有罪：指冀芮于晋文
公元年(公元前636年)与吕甥害怕文公逼迫,欲合谋杀害他。
后未得逞,逃至秦国被秦穆公诱杀。⑥ 灭：消除。⑦ 殛鲧(jí
gǔn)：杀死鲧。鲧是禹的父亲,以堵截治水未成,为舜所杀。
⑧ 管敬子：即管仲。"敬"是他的谥号。⑨ 贼：害,戕害。
⑩ 恪(kè)：恭敬谨慎。⑪ 临事：处理政事。⑫ 济：成。

今译

臼季奉命出使,在冀邑郊野住了一宿。冀缺正在田中除
草,他的妻子给他送饭来,夫妻俩相敬如宾。臼季上去问他,
原来就是冀芮的儿子,便和他一起回到了国都。臼季向晋文
公回复使命,进而推荐冀缺,说："我得到一个贤明的人,冒昧
地向您报告。"文公说："冀缺的父亲有罪,是否可以重用他
呢?"臼季回答说："这是国家的良才,您应该忘掉他前辈的罪
恶。因此舜处死了鲧,却起用了他的儿子大禹。现在您所听
到的,齐桓公亲自起用了管仲,那可是害过他的仇人啊。"文公

问道："你凭什么知道冀缺是贤人呢?"臼季回答说："我看到他们夫妻在田间都不忘恭敬。恭敬有礼是有德的表现,谨守德行并且小心从事,那还有什么事情干不成的呢!"文公接见了冀缺,任命他为下军大夫。

释义

臼季认为一个人不忘恭敬才能做大事,因此他向晋文公推荐冀缺。但冀缺是文公仇人冀芮之子,用还是不用,对文公来说颇费思量。最后,文公任贤不避仇,任命冀缺为下军大夫,表现了恢宏的气度和博大的胸怀。

赵宣子论比与党

原文

赵宣子言韩献子于灵公①,以为司马②。河曲之役③,赵孟使人以其乘车干行④,献子执而戮之。众咸⑤曰:"韩厥必不没⑥矣。其主⑦朝升之,而暮戮其车⑧,其谁安⑨之?"宣子召而礼之,曰:"吾闻事君者比而不党⑩。夫周以举义⑪,比也;举以其私,党也。夫军事无犯,犯而不隐⑫,义也。吾言女⑬于君,惧女不能也。举而不能,党孰大焉!事君而党,吾何以从政⑭?吾故以是观女。女勉之。苟从是行也,临长⑮晋国者,非女其谁?"皆告诸大夫曰:"二三子可以贺我矣! 吾举厥也而中^⑯,吾乃今知免于罪矣。"

——《晋语》

注解:① 赵宣子:晋国正卿赵盾,赵衰之子,谥号"宣",故称赵宣子,又称宣孟、赵孟。韩献子:晋国大夫韩厥,韩简之孙,谥号"献",故称韩献子。晋灵公:晋襄公之子,名夷皋,公元前 620—前 607 年在位。② 司马:官名,执掌军政和军赋。③ 河曲之役:公元前 615 年,秦康公攻打晋国,秦、晋在河曲作战,史称"河曲之役"。河曲:晋邑名。在今山西永济南。因黄河由此转向东,故称河曲。④ 干:犯,扰乱。行:军队行列。⑤ 咸:都。⑥ 没:终,长久。⑦ 主:主人,指赵盾。⑧ 车:车夫。⑨ 安:指保其职位。⑩ 比:比义,以义相交结。党:以私利相勾结。⑪ 周:忠信。义:正义,道义。⑫ 隐:隐瞒,引申为包庇。⑬ 女:通"汝",你。⑭ 从政:执掌军国大政。⑮ 临长:执掌。⑯ 中:合适,正确。

今译

赵宣子向晋灵公推荐韩献子,任命他为司马。河曲之战时,赵宣子叫人用他的战车去干扰军队的行列,韩献子把赶车的人抓了起来,并且把他处死。大家都说:"韩厥一定不能长久。他的主人早晨刚升了他的官,晚上他就杀了主人的车夫,谁还能让他保住这个官位呢?"赵宣子召见了韩厥,并且以礼相待,说:"我听说侍奉国君的人以义相结,而不应该结党营私。以忠信为国推荐正直的人,这是以义相结。顺从私情举荐人才,这是结党营私。军事行动是不能干扰的,干扰了而不包庇,这叫做义。我把你推荐给国君,怕的是你不能胜任。被推举的人不能胜任,还有哪种结党营私比这更严重的呢! 侍奉君主却结党营私,我还凭什么来执政呢? 我因此借这件事情来考察你。你好好努力吧。假如能坚持这样去做,那么将来执掌晋国的,除了你还有谁呢?"赵宣子告诉各位大夫们说:"你们诸位可以祝贺我了! 我推荐韩厥非常正确,我现在才知道自己没有犯结党营私的罪。"

释义

赵宣子举荐韩厥为司马后,故意设计考验他,派人用自己的车扰乱军队行列,看他是否认真执法。韩厥不徇私情,秉公执法,处死驾车的仆人,取得了赵宣子的信任。赵宣子提出一个举荐的标准:如果是从忠义的目的出发便是"比",如果是为个人营私就是"党"。

祁奚荐子午以自代

原文

祁奚辞于军尉①,公问焉②,曰:"孰可③?"对曰:"臣之子午可④。人有言曰:'择臣莫若君,择子莫若父。'午之少也,婉⑤以从令,游有乡⑥,处有所⑦,好学而不戏。其壮也,强志而用命⑧,守业而不淫⑨。其冠也,和安而好敬,柔惠小物⑩,而镇定大事,有直质而无流心⑪,非义不变,非上⑫不举。若临大事,其可以贤于臣。臣请荐所能择而君比义焉⑬。"公使祁午为军尉,殁平公⑭,军无秕政^⑮。

——《晋语》

注解：① 祁奚：晋国大夫，字黄羊，悼公即位后，被任命为中军尉。辞：请求告老。② 焉：代词，指代祁奚。③ 孰可：谁可代军尉之职。④ 午：祁午，祁奚之子，代父任中军尉。⑤ 婉：顺从。⑥ 乡：同"向"，去向。⑦ 所：处所，地方。⑧ 强志：指博闻强记，见闻广博，记忆力强。志：记。用命：遵从父母之命。⑨ 业：所学事业。不淫：不乱。⑩ 柔惠：仁爱慈惠。小物：指弱小者。⑪ 直质：正直的品质。流：放纵。⑫ 上：君主，长上。⑬ 择：指父选择子。比义：考虑。⑭ 平公：晋平公，名彪，悼公之子，公元前557—前532年在位。殁平公：意为终平公之世。⑮ 秕政：败政。秕：瘪谷，此处比喻不善之政。

今译

　　祁奚告老，请求辞去军尉之职，晋悼公问他："谁可以接替你？"祁奚回答说："我的儿子祁午可以。人们说：'选择臣子没有谁比得上君主，识别儿女没有谁比得上父母。'祁午小时候，顺从听话，有事外出预先告诉父母去向，有事逗留告知父母所在地方，喜欢学习，不爱开玩笑。长大后，博闻强记，遵从父母的命令，能够坚守学业而无所分心。二十岁举行冠礼之后，为人和祥安静，恭敬有礼，仁爱地对待弱小者，处理大事镇静不乱，性格正直而不放纵自己，不符合义的事不做，没有君主长上的命令不擅自行动。如果叫他处理军中大事，可以比我做得更好。请允许我推荐自己的儿子，希望君王考虑决定。"于是悼公便任命祁午为军尉。一直到晋平公死，军队中没有颁布过错误的政令。

释义

任亲和任贤不一定对立,只要公正无私,举荐亲人又何尝不可?祁奚的"内举不避亲"就成为流传后世的佳话。

司马侯荐叔向

原文

悼公与司马侯①升台而望曰:"乐夫!"对曰:"临下之乐则乐矣,德义②之乐则未也。"公曰:"何谓德义?"对曰:"诸侯之为,日在君侧,以其善行,以其恶戒③,可谓德义矣。"公曰:"孰能?"对曰:"羊舌肸习于春秋④。"乃召叔向使傅太子彪⑤。

——《晋语》

注解:①司马侯:晋国大夫,即汝叔齐,又称叔侯、女齐。司马:官名。②德义:亲善为德,憎恶为义,是非分明。③戒:戒鉴。④羊舌肸(xī):即叔向,晋国大夫。春秋:泛指古代历史典籍。当时孔子尚未修订《春秋》。⑤傅:教导。太子彪:晋悼公之子,后即位为晋平公。

今译

晋悼公与司马侯一起登上高台眺望,说:"真快乐啊!"司马侯说:"居高临下,观赏美景,快乐是快乐了,然而德义的快乐却还说不上。"悼公问道:"什么叫做德义?"司马侯回答说:"诸侯的所作所为,仿佛天天在您的身边呈现,效法他们的善行,把他们的恶行作为自己的鉴戒,可称得上德义了。"悼公问道:"怎样才能做到这样呢?"司马侯回答说:"叔向熟悉古代的历史典籍。"于是悼公就召见叔向,叫他辅导太子彪。

释义

司马侯借机进言,趁晋悼公欣赏美景时举贤,可谓匠心独运,当然这也是因为悼公求贤若渴。被推荐人叔向是一代名臣,学问渊博,敢于匡正君过,为后人称赞。

蔡声子论楚材晋用

原文

椒举娶于申公子牟①,子牟有罪而亡,康王②以为椒举遣之,椒举奔郑,将遂奔晋。蔡声子将如晋③,遇之于郑,饯之以璧侑④,曰:"子尚良食⑤,二先子其皆相子⑥,尚能事晋君以为诸侯主⑦。"辞曰:"非所愿也。若得归骨于楚,死且不朽⑧。"声子曰:"子尚良食,吾归子。"椒举降⑨三拜,纳其乘⑩马,声子受之。

注解：① 椒举：即伍举，楚国大夫，伍参(shēn)之子，伍奢之父，伍子胥祖父。因食邑在椒，故称椒举。申公子牟：即王子牟，楚国贵族，因封于申，故称申公。② 康王：楚康王，名昭，楚恭王之子，公元前559—前545年在位。③ 蔡声子：即公孙归生，字子家，蔡国大夫。如晋：蔡声子公元前547年出使晋国。④ 飨(xiǎng)：用酒食款待人。璧侑(yòu)：用璧玉劝食。⑤ 尚：强。良食：好好地吃饭，意为保重自己，努力加餐饭。⑥ 二先子：指椒举之父伍参、声子之父子朝。伍参与子朝生前为友好。相：帮助。⑦ 晋君：指晋平公。主：盟主。⑧ 且：将。不朽：名声永存。⑨ 降：下堂。⑩ 乘：四。

原文

还见令尹子木⑪，子木与之语，曰："子虽兄弟于晋⑫，然蔡吾甥也，二国孰贤？"对曰："晋卿不若楚⑬，其大夫则贤，其大夫皆卿材也。若杞梓⑭、皮革焉，楚实遗之，虽楚有材，不能用也。"子木曰："彼有公族甥、舅，若之何其遗之材也？"对曰："昔令尹子元⑮之难，或谮王孙启于成王⑯，王弗是⑰，王孙启奔晋，晋人用之。及城濮之役⑱，晋将遁矣，王孙启与于军事，谓先轸⑲曰：'是师也，唯子玉⑳欲之，与王心违㉑，故唯东宫与西广实来㉒。诸侯之从者，叛者半矣，若敖氏㉔离矣，楚师必败，何故去之？'先轸从之，大败楚师，则王孙启之为也。

注解：⑪ 还：指由晋国回到楚国。令尹：楚国执政官。子木：即屈建。⑫ 兄弟于晋：指蔡、晋同为姬姓兄弟之国。

⑬晋卿：指晋正卿赵武。楚：指楚令尹屈建。赵武有德，但声子当面奉承子木，说赵武不及屈建之忠。⑭杞(qǐ)梓(zǐ)：杞木和梓木，两种名贵木材，是楚国特产。⑮子元：王子善，又称公子元，楚武王之子，楚文王之弟。公元前664年，子元想引诱楚文王夫人息妫(guī)与他私通，入王宫时被捕，后被申公斗班杀死。⑯谮(zèn)：说人坏话，诬陷别人。有人进谗言要楚成王判王孙启和他父亲公子元同罪。王孙启：子元之子。成王：楚成王，名熊恽，公元前671—前625年在位。⑰是：通"諟"，审理，审查。⑱城濮之役：指公元前633年的晋、楚城濮之战，晋胜楚败。⑲先轸：晋中军元帅，城濮之战时晋军统帅。⑳子玉：楚令尹成得臣，城濮之战时楚军统帅。㉑心违：思想不统一。违：离开。㉒东宫：指楚太子的卫队。西广(guàng)：楚国军队编制，分东广、西广。广：兵车十五辆为一广。㉓若敖氏：子玉的家族，若敖为子玉祖父。若敖氏有家族组成的亲兵600人。

原文

"昔庄王方弱㉔，申公子仪父为师㉕，王子燮为傅㉖，使师崇、子孔帅师以伐舒㉗。燮及仪父施二帅而分其室㉘。师还至，则以王如庐㉙，庐戢黎杀二子而复王㉚。或谮析公臣于王㉛，王弗是，析公奔晋，晋人用之。实谮败楚，使不规东夏㉜，则析公之为也。

"昔雍子之父兄谮雍子于恭王㉝，王弗是，雍子奔晋，晋人用之。及鄢之役㉞，晋将遁矣，雍子与于军事，谓栾书㉟曰：'楚师可料㊱也，在中军王族㊲而已。若易中下㊳，楚必歆㊴之。若合而臽吾中㊵，吾上下必败其左右㊶，则三萃以攻其王族㊷，必大败之。'栾书从之，大败楚师，王亲面伤㊸，则雍子之为也。

注解：㉔庄王：楚庄王熊侣，公元前613—前591年在位。弱：未满二十岁。㉕申公子仪父：楚大司马斗克，字子仪，申公斗班之子，"父"为尊称。师：太师。㉖王子燮：楚公子。傅：太傅。㉗师崇：楚国太师潘崇，为楚穆王师傅。子孔：即成嘉，字子孔，得臣之子，楚国令尹。舒：国名，偃姓，子爵，相传为少昊后人，有舒庸、舒鸠、舒蓼等，称为群舒，在今安徽舒城、庐江一带。㉘施：施加罪名。室：家产。㉙王：楚庄王。庐：楚邑名，又称中庐，在今湖北宜城境内。㉚戢(jí)黎：庐大夫。二子：指子仪父与公子燮。㉛或谮析公臣于王：有人向楚庄王进谗言说析公臣知道子仪父和王子燮的阴谋叛乱。析公臣：楚国大夫。㉜规：占有。东夏：指楚国东面的蔡、沈两国。公元前585年晋、楚绕角之战中，晋军即将撤军，析公臣劝晋军统帅栾书夜袭楚军，栾书采纳了他的意见，楚军失败，晋军占领蔡、沈二国，楚国失去对蔡、沈的控制。㉝雍子：楚国大夫。父兄：指同宗的父兄辈。恭王：楚恭王熊审，公元前590—前560年在位。㉞鄢之役：即公元前575年晋、楚鄢陵之战，晋胜楚败。㉟栾书：晋国正卿，鄢陵之战时晋军统帅。㊱料：估计，预测。㊲王族：楚王的亲兵。㊳易中下：改变中军与下军的防区，诱使楚军误为兵力强的中军为兵力弱的下军，前来攻打。这样中军就可以牵制住楚军主力。㊴歆(xīn)：贪图。㊵臽：同"陷"，陷入。中：指晋中军。㊶上下：指晋上军、下军。左右：指楚左广、右广。㊷三萃：集中上军、下军、新军三支部队，连同已牵制楚军主力的中军，共同攻打楚王亲兵，故《左传》记载为"四萃"。㊸王亲面伤：指楚恭王在战斗中被晋将吕锜(qí)射中眼睛。

原文

　　"昔陈公子夏为御叔娶于郑穆公㊹，生子南㊺。子南之母乱陈而亡之㊻，使子南戮于诸侯。庄王既以夏氏之室赐申公巫臣㊼，则又畀之子反㊽，卒于襄老㊾。襄老死于邲㊿，二子争之，未有成。恭王使巫臣聘于齐，以夏姬行○51，遂奔晋。晋人用之，实通吴、晋○52。使其子狐庸为行人于吴○53，而教之射御，导之伐楚。至于今为患，则申公巫臣之为也。

　　注解：㊹ 陈：国名，妫姓。公子夏：陈宣公之子。御叔：公子夏之子。郑穆公：郑国国君，名兰，公元前628—前606年在位。㊺ 子南：即夏征舒，御叔之子，字子南。㊻ 子南之母乱陈而亡之：郑穆公之女夏姬，嫁与御叔，御叔早死，夏姬有美色，陈灵公、孔宁、仪行父君臣均与之私通，夏征舒羞愤，于公元前599年杀陈灵公，孔宁、仪行父逃到楚国，征舒自立为陈侯。次年，楚庄王伐陈，杀征舒，立陈灵公之子午为陈侯，即陈成公。㊼ 申公巫臣：即屈巫，楚国大夫，字子灵。曾为申县尹，故称申公。㊽ 畀(bì)：给予。子反：即公子侧，楚国司马。㊾ 襄老：楚连邑长官，故称连尹襄老。㊿ 邲(bì)：此处指公元前597年晋、楚邲之战。楚胜晋败，襄老被晋军荀首射死。邲：春秋时郑地，在今河南荥阳北。○51 以夏姬行：公元前589年，楚恭王命申公巫臣出使齐国，巫臣以帮夏姬找回襄老尸体为借口，带夏姬从郑国逃往晋国。○52 实通吴、晋：指晋任巫臣为邢大夫。子反杀巫臣家族，分其家产，巫臣请求出使吴国，以使晋、吴联合，怂恿吴国伐楚，从后面扰乱楚国，受到吴王寿梦的欢迎。○53 狐庸：巫臣之子。行人：掌朝觐聘问之事。

原文

"今椒举娶于子牟，子牟得罪而亡，执政弗是，谓椒举曰：'女实遣之。'彼惧而奔郑，缅然引领⁵⁴南望，曰：'庶几赦吾罪。'又不图也，乃遂奔晋，晋人又用之矣。彼若谋楚，其亦必有丰败⁵⁵也哉！"

子木愀然⁵⁶曰："夫子⁵⁷何如，召之其来乎？"对曰："亡人⁵⁸得生，又何不来为？"子木曰："不来，则若之何？"对曰："夫子不居⁵⁹矣，春秋相事⁶⁰，以还轸于诸侯⁶¹。若资东阳之盗使杀之⁶²，其可乎？不然，不来矣。"子木曰："不可。我为楚卿，而赂盗以贼⁶³一夫于晋，非义也。子为我召之，吾倍其室。"乃使椒鸣⁶⁴召其父而复之。

——《楚语》

注解：⑤④缅然：远念的样子。引领：伸长头颈。⑤⑤丰败：大败。⑤⑥愀（qiǎo）然：忧愁的样子。⑤⑦夫子：指蔡声子。⑤⑧亡人：逃亡之人。⑤⑨不居：不能安心居住，指将奉命出使于四方。⑥⑩春秋相事：一年四季接连不断出使诸侯，行聘问之事。春秋：指四季。相：接连。⑥①还轸于诸侯：乘车到各诸侯国。还：通"旋"。轸：车后的横木，借指车。⑥②若资东阳之盗使杀之：如果收买东阳的刺客杀死他。这是蔡声子对子木用的激将法。资：收买。东阳：泛指太行山以东地区。⑥③贼：残杀。⑥④椒鸣：举之子。

今译

椒举娶申公子牟的女儿为妻，子牟犯罪逃亡，楚康王认为是椒举放他跑的,椒举就逃亡到郑国。因为郑国既弱小又离楚国近,又打算逃亡到晋国去。蔡声子将出使晋国,途经郑国,遇见了椒举,拿出璧玉劝他进食,说:"您努力加餐饭,我俩的先人在天之灵都会帮助你,你还能侍奉晋君成为诸侯的盟主。"椒举辞谢说:"这不是我的心愿。如果我的尸骨能回到楚国,那死了也是名声永存的。"声子说:"您努力加餐饭,我设法让你回到楚国去。"椒举下堂拜谢了三次,送给声子四匹马,声子接受了。

声子从晋国回来,回到楚国会见令尹子木,子木和他谈话,说:"你虽然和晋国是同姓兄弟,但蔡君是我们楚君的外甥,你看晋、楚两国的大臣谁强些呢?"声子回答说:"晋国的正卿不如楚国的令尹,但晋国的大夫很贤明,他们都是当卿的人才。就像杞木、梓木和皮革一样,都是楚国的特产,却送给晋国,虽然楚国有人才,却不能使用。"子木说:"晋国有公族和甥、舅之类的亲戚,为什么说送人才给他们呢?"声子回答说:"从前令尹子元遇难,有人对楚成王说他儿子王孙启的坏话,成王不能正确审理,王孙启就逃亡到晋国,晋国任用了他。等到城濮之战的时候,晋军将要撤退,王孙启当时参与军事谋划,对先轸说:'这次出兵,只是子玉想打,他和楚王的想法不一致,所以只有东宫和西广两支部队前来参战。随从而来的诸侯,背叛的有半数以上,连子玉的同族若敖氏都不想打了,楚军一定要失败,为什么要撤退呢?'先轸听从了他的意见,大败楚军,这就是王孙启干的。

"从前楚庄王还未成年,申公子仪父担任太师,王子燮担任太傅,派师崇和子孔率领军队去讨伐舒国。王子燮和仪父给师崇、子孔两人强加罪名,瓜分了两家的财产。军队返回时,他们胁迫庄王跑到庐邑。庐邑大夫戢黎杀了王子燮和仪父,把庄王送回都城。有人对庄王说析公臣的坏话,庄王不能正确审理,析公臣逃亡到晋国,晋国任用了他。这些谗言后来使楚国吃了败仗,使它不再占有东夏,这就是析公臣干的。

"从前雍子同宗的父兄对楚恭王说雍子的坏话,恭王不能正确审理，雍子逃亡到晋国，晋国任用了他。等到鄢陵之战的时候，晋军将要撤退，雍子当时参与军事谋划，对栾书说：'楚军兵力可以预测，其主力只是在中军的王族亲兵罢了。如果我们调换中军和下军的位置，楚军必然贪利中计。如果他们来交战，就会遭遇我们的中军，我们上下两军必然打败他们的左右两军，然后我们结集中军、上军、下军和新军攻打他们的王族亲兵，一定把他们打得大败。'栾书听从了他的意见，大败楚军，恭王眼睛被射伤，这就是雍子干的。

"从前陈公子夏给他儿子御叔娶郑穆公的女儿为妻，生了子南。子南的母亲夏姬淫乱，给陈国造成了祸乱，导致陈国灭亡，使子南被诸侯所杀。楚庄王把夏姬赏赐给申公巫臣，接着又赏给子反，最后又给了连尹襄老。襄老在邲之战中死去，巫臣和子反两人争夺夏姬，没有争出结果。恭王派巫臣出使齐国，巫臣带着夏姬同行，借机逃亡到晋国。晋国任用了他，用他沟通了吴楚两国的关系。巫臣派他的儿子狐庸在吴国当掌管朝觐聘问之事的行人，并且教吴人驾车射箭，引导吴国进攻楚国，一直到今天还成为楚国的外患，这就是申公巫臣干的。

"现在椒举娶子牟的女儿为妻，子牟获罪逃亡了，执政的人不能正确审理，对椒举说：'是你放他跑的。'椒举害怕获罪而逃亡到郑国，但他想念故土，伸长脖子南望楚国，说：'也许能赦免我的罪吧。'楚国如不想办法挽回，他就会逃亡到晋国，晋国又将任用他了。他假如帮助晋国谋划攻打楚国，那又势必会让楚国惨败。"

子木听了非常忧愁，说："你看怎么办好，召他能回来吗？"声子回答说："逃亡的人得到一条活路，又怎能不回来呢？"子木说："假如他不回来，那怎么办？"声子回答说："椒举不在楚国了，他将一年四季奉命出使诸侯行聘问之事，乘车往返于诸侯各国，是能见到他并召他回来的。或者出钱买通东阳的刺客杀了他，大概也可以吧！不这样，他是不会回来的。"子木说："不行。我作为楚国的卿,却雇个刺客到晋国去杀一个人,这是不义。拜托您替我召回他,我加倍给他家产。"于是就派椒鸣召他的父亲回国,恢复了他的官职。

释义

我们平时讲到人才外流时,会用"楚材晋用"这个成语,源头就在这个故事里。出现这种现象,固然有人才自身的原因,但主要是当权者是非不分,忠奸不明,才使一些有才能的人含冤受屈流亡他处。人才流失是国家建设的致命伤,统治者有责任使政治清明,从而创设良好的氛围,使人才重新回到父母之邦。

第四单元

重视教育

我国古代是如何确定教育原则、教育目的、教育内容的？用什么教育方法？怎样选拔师资？《国语》中所保存的这些宝贵资料，让我们感受到古人对教育的重视。

公父文伯之母论劳逸

原文

公父文伯退朝①，朝其母②，其母方绩③。文伯曰："以歜之家而主犹绩，惧忓季孙之怒也④。其以歜为不能事主乎！"

其母叹曰："鲁其亡乎！使僮子备官而未之闻耶⑤？居⑥，吾语女⑦。昔圣王之处⑧民也，择瘠土而处之，劳其民而用之，故长王天下。夫民劳则思，思则善心生；逸则淫⑨，淫则忘善，忘善则恶心生。沃土之民不材，逸也。瘠土之民莫不向义⑩，劳也。是故天子大采朝日⑪，与三公、九卿祖识地德⑫；日中考政，与百官之政事，师尹维旅、牧、相宣序民事⑬；少采夕月⑭，与大史、司载纠虔天刑⑮；日入监九御⑯，使洁奉禘、郊之粢盛⑰，而后即安。诸侯朝修天子之业命⑱，昼考其国职⑲，夕省其典刑⑳，夜儆㉑百工，使无慆淫㉒，而后即安。卿大夫朝考其职，昼讲其庶政㉓，夕序其业，夜庀㉔其家事，而后即安。士朝受业㉕，昼而讲贯㉖，夕而习复，夜而计过㉗无憾，而后即安。自庶人以下，明㉘而动，晦㉙而休，无日以怠。

注解：① 公父文伯：鲁大夫，名歜(chù)。朝：朝堂。
② 朝其母：朝见他的母亲。古礼，晚辈外出归来，要向长辈请
安。母：公父穆伯之妻敬姜。古代大夫称"主"，大夫之妻亦可

称"主",故下文公父文伯称其母为"主"。③ 绩：绩麻。④ 忓
(gān)：触犯。季孙：指鲁国正卿季康子，名肥。⑤ 僮子：未
成年的男子。备官：居官，为官。未之闻：指未闻为官之道。
⑥ 居：坐。⑦ 女：通"汝"，你。⑧ 处：安置。⑨ 逸：安逸。
淫：过分，放纵。⑩ 向义：向往仁义。⑪ 大采：五彩的礼服，
即衮冕之服。朝日：朝拜日神。周礼定规，天子在春分日举行
祭日典礼，朝拜日神，开始春耕。⑫ 祖识：学习，了解。地德：
指土地上万物生长的情况。⑬ 师尹：大夫官。维：和，与。
旅：众士。牧：牧伯，州牧，指地方官。相：国相。宣：普遍。
序：次第，次序。⑭ 少采：指三彩礼服。即黼衣。衣上绘绣
斧形，用黑、白丝线刺绣，较衮冕低一等。夕月：祭祀月神。周
礼规定，天子在秋分之夜祭祀月神。⑮ 大史：主管星历、卜
筮、记事的官员。司载：主管天文、观察星象凶吉的官员。纠
虔：恭敬虔诚。天刑：天象中预示吉凶的征兆。⑯ 九御：九
嫔，即宫中女官，主管祭品、祭服等。⑰ 粢盛(zī chéng)：放在
祭器内供祭祀的谷物。⑱ 业：事。命：令。⑲ 国职：封国内
的政务。⑳ 典刑：常法。㉑ 儆(jǐng)：戒。百工：百官。
㉒ 慆(tāo)淫：怠慢放纵。㉓ 讲：谋划。庶政：各种政务。
㉔ 庀(pǐ)：治理。㉕ 受业：指受事于朝。㉖ 讲贯：讲习。
㉗ 计过：省察过失。㉘ 明：白天。㉙ 晦：黑夜。

原文

　　"王后亲织玄紞㉚，公侯之夫人加之以纮、綖㉛，卿之
内子为大带㉜，命妇㉝成祭服，列士㉞之妻加之以朝服，自
庶士㉟以下，皆衣其夫。社而赋事㊱，蒸而献功㊲，男女效
绩㊳，愆则有辟㊴，古之制也。君子劳心，小人劳力，先王
之训也。自上以下，谁敢淫心舍力？今我，寡也，尔又在

下位⑩，朝夕处事，犹恐忘先人之业。况有怠惰，其何以避辟！吾冀而朝夕修我曰⑪：'必无废先人⑫。'尔今曰：'胡⑬不自安？'以是承君之官，余惧穆伯之绝嗣⑭也。"

仲尼⑮闻之曰："弟子志⑯之，季氏之妇不淫矣。"

——《鲁语》

注解：⑩ 玄紞（dǎn）：王冠两旁系玉瑱的黑色丝带。⑪ 纮（hóng）：系冠冕的丝带。綖（yán）：覆盖在冠冕上的黑布。⑫ 内子：卿的妻子。大带：束在祭服上的丝织黑带。⑬ 命妇：大夫的妻子，受过天子或诸侯的任命。⑭ 列士：这里指上士。周代士分上士、中士、下士三等，上士亦称"列士"。⑮ 庶士：这里指下士。⑯ 社：祭祀土神。赋事：安排农业生产。⑰ 蒸：冬祭。献功：献上五谷布帛等劳动成果。⑱ 效绩：尽力做出成绩。⑲ 愆（qiān）：过失，错误。辟（bì）：罪过，罪行。⑩ 下位：指下大夫，职位低。⑪ 而：同"尔"，你。修：警戒，警告。⑫ 先人：指公父穆伯，敬姜的丈夫，公父文伯之父。⑬ 胡：何，为什么。⑭ 绝嗣：断绝后代。这里指断绝祭祀。⑮ 仲尼：孔子，名丘，字仲尼。⑯ 志：记住。

今译

公父文伯退朝回家，拜见母亲，母亲敬姜正在绩麻。公父文伯说："像我们这样的家庭，主人还要亲自绩麻，我怕会惹季康子生气，他会以为我不能好好侍奉母亲呢！"

他的母亲叹息说："鲁国大概要灭亡了！让你这样不懂事的孩子在朝廷做官，难道没听说过做官的道理吗？坐下来，让我来告诉你吧。过去圣王治理百姓，总是挑选贫瘠的土地让他们居住，使百姓辛勤劳动，把土地耕种好，所以能长久地统治天下。

百姓勤劳就会想到节俭，想到节俭就会产生善心；安逸则会放荡，放荡就会使善心蒙蔽，善心蒙蔽就会产生坏心。生活在肥沃土地上的百姓不能成材，就是因为太安逸的缘故；生活在贫瘠土地上的百姓无不向往仁义，这是因为勤劳的缘故。因此天子在每年春分时穿起五彩的礼服朝拜日神，和三公九卿一起熟悉万物生长的情况；中午要视察朝政，考察百官政事，了解大夫和各地方长官辅佐天子按次序全面地处理百姓事务的情况；每年秋分时天子穿起三彩的礼服祭祀月神，和太史、司载恭敬地观察上天显示的征兆；日落以后监督内宫女官的工作，让她们把禘祭和郊祭的祭品准备好，这以后才能安寝。诸侯在早上要办理天子交给的任务和命令，白天考察自己封国的政务，晚上检查法令的执行情况，夜间还要监督百官，使他们不敢怠慢，这以后才能安寝。卿大夫早上要考察自己的本职工作，白天谋划各种政务，晚上检查白天经办的事务，夜间处理家内杂事，这以后才能安寝。士人在早上要接受朝廷交办的任务，白天讲习政事，晚上复习，夜间检查自己白天的言行有没有过失，这以后才能安寝。自一般百姓以下，天亮就劳动，天黑了才能休息，没有一天可以怠惰。

"王后要亲自编织王冠两旁悬挂玉瑱的黑色丝绳，公侯的夫人还要再加上编织系王冠的带子，卿的妻子要亲自编织束身用的黑色腰带，大夫的妻子要亲自做祭祀用的礼服，列士的妻子除此之外还要给丈夫做朝服，自下士以下的妻子都要给丈夫做衣服穿。春社时要安排农桑的事务，冬祭时要献上五谷、布帛等，男女都各尽其力，有了过失就要治罪，这是自古以来的制度。君子用心力操劳，小人用体力操劳，这是先王传下来的训诫。从上到下，谁敢放纵安逸而不用力气？如今我是个寡妇，你也只是个大夫，从早到晚兢兢业业地工作，还生怕败坏了祖先的成业。更何况心存怠惰之念，又怎么躲避罪责呢？我希望你每天早晚都告诫我说：'一定不要毁败先人的成业。'你现在却说：'为什么不自求安逸？'用这样怠惰的态度来担任国君赋予你的官职，我真担心你父亲穆伯要断绝后代啊！"

孔子听到敬姜这番话，说："弟子们要记住，季氏家的妇人确实是一个不贪图安逸的人了。"

释义

敬姜是一位受到孔子赞扬的母亲。针对儿子贪图安逸的想法，她列举了圣王勤劳而有天下、卿大夫勤劳可安其家、士庶勤劳生计足、妇女勤劳家室和的事例，提出"民劳则思，思则善心生；逸则淫，淫则忘善，忘善则恶心生"的观点。而且，她言传身教，亲自劳作，绩麻织布。

胥臣论教诲之力

原文

文公问于胥臣曰："吾欲使阳处父傅讙也而教诲之①，其能善之乎？"对曰："是在讙也。蘧蒢②不可使俯，戚施③不可使仰，僬侥④不可使举，侏儒不可使援⑤，蒙瞍⑥不可使视，嚚瘖⑦不可使言，聋聩⑧不可使听，僮昏⑨不可使谋。质⑩将善而贤良赞之，则济可竢⑪。若有违⑫质，教将不入，其何善之为！臣闻昔者大任娠文王不变⑬，少溲于豕牢⑭，而得文王不加疾⑮焉。文王在母不忧,在傅弗勤⑯,处师⑰弗烦,事王⑱不怒,孝友二虢⑲,而惠慈二蔡⑳,刑于大姒㉑,比于诸弟㉒。《诗》㉓云:'刑于寡妻㉔,至于兄弟,以御㉕于家邦。'于是乎用四方之贤良。及其即位也,询于八虞㉖,而谘于二虢,度于闳夭而谋于南宫㉗,诹㉘于蔡、原而访于辛、尹㉙,重之以周、邵、毕、荣㉚,亿㉛宁百神,而柔㉜和万民。故《诗》㉝云:'惠于宗公㉞,神罔时恫㉟。'若是,则文王非专教诲之力也。"公曰:"然则教无益乎?"对曰:"胡为文㊱,益其质。故人生而学,非学不入。"公曰:"奈夫八疾何!"对曰:"官师之所材也㊲,戚施直镈㊳,蘧蒢蒙璆㊴,侏儒扶卢㊵,蒙瞍修声,聋聩司火。僮昏、嚚瘖、僬侥,官师之所不材也,以实裔土㊶。夫教者,因体能质㊷而利之者也。若川然有原,以卬浦㊸而后大。"

——《晋语》

注解:① 阳处父:晋国大夫,亦称阳子。谨:晋文公之子,即位后为晋襄公,公元前627—前621年在位。② 蘧蒢(qú chú):身有残疾不能俯身向下的人。③ 戚施:驼背。④ 僬侥(jiāo yáo):古代传说中的矮人国名,一说长三尺,一说长一尺五寸,此处指矮人。⑤ 侏儒:身材特别矮小的人。援:攀。⑥ 蒙瞍(méng sǒu):瞎子。⑦ 嚚瘖(yín yīn):指哑巴。⑧ 聩(kuì):耳聋。⑨ 僮昏:愚昧无知而又昏乱糊涂的人。⑩ 质:本质。⑪ 竢(sì):同"俟",等待。⑫ 违:邪恶。⑬ 大任:即太任,王季的妻子,周文王的母亲。娠(shēn):怀孕。不变:指安居静室,保持端庄德行,实行"胎教"。⑭ 少溲(sōu):小便。豕牢:厕所。⑮ 疾:痛苦。⑯ 傅:帝王的相或

帝王、诸侯之子的老师。勤：劳。⑰ 师：师长。⑱ 王：指周文王的父亲王季。⑲ 二虢（guǒ）：虢仲、虢叔。周文王同母弟，封于虢。⑳ 二蔡：管叔、蔡叔。周文王的两个儿子。㉑ 刑：同"型"，典范，榜样，这里作动词，效法。大姒：文王之妻、武王之母。㉒ 比：亲近。诸弟：同宗之弟。㉓《诗》：指《诗经·大雅·思齐》。㉔ 寡妻：嫡妻，正妻，谦称自己妻子之辞。㉕ 御：治理。㉖ 八虞：八个掌管山林川泽有才能的官员，也称"八士"。㉗ 度、谋：均有谋划之意。闳（hóng）天：周文王的贤臣。南宫：即南宫适（kuò），也是周文王的贤臣。㉘ 诹（zōu）：咨询。㉙ 蔡、原、辛、尹：指蔡公、原公、辛甲、尹佚，都是周初太史。㉚ 周、邵、毕、荣：指周公、邵公、毕公、荣公，均为文王之子，武王之弟，周初开国功臣。㉛ 亿：安。㉜ 柔：安抚。㉝《诗》：指《诗经·大雅·思齐》。㉞ 宗公：大臣。㉟ 恫：怨恨。㊱ 文：文采。㊲ 师：长。材：通"裁"，剪裁，指因材施教。㊳ 直：担任，承担。镈（bó）：钟。㊴ 璆（qiú）：玉磬。㊵ 扶卢：古代的一种杂技。以攀援矛戟的柄来戏耍。扶：攀缘。卢：矛、戟等的柄。㊶ 实：充实。裔土：边远的地区。㊷ 因：按照。体：身体，引申为内在因素。能质：才能和本质。㊸ 卬：迎。浦：河流入海口处。

今译

　　晋文公问胥臣说："我想叫阳处父做谨的老师来教育他，阳处父能教育好吗？"胥臣回答说："这主要在于谨。不能让直胸的残疾人俯身，不能让驼背仰头，不能让侏儒举重物，不能让矮子攀高，不能让瞎子看东西，不能让哑巴说话，不能让聋子听音，不能让糊涂人出主意。本质好再加上有贤良的老师教导，他的成就就可以期待。如果本质邪恶，教育就难以进入他的心灵，怎么能使他为善呢！我听说，以前周文王的母亲怀孕时保持端庄的德行，她生产时就像在厕所小便，没有任何痛苦便生下文王。文王不让母亲增添忧虑，无需太傅多操心思，未让师长感到烦忧，侍奉父王不让他生气，对两个弟弟虢仲和虢叔很友爱，对两个儿子管叔和蔡叔很慈爱，为自己的妻子大姒做出榜样，与同宗的兄弟也很亲近。《诗》上说：'要为妻子作表率，再去熏陶兄与弟，以此治理国和家。'于是他任用天下的贤良之士。到他即位之后，有事咨询掌管山泽的八虞，与虢仲、虢叔两兄弟商量，听取闳夭、南宫括的意见，咨询蔡公、原公、辛甲、尹佚四位太史，再加上有周公、邵公、毕公和荣公的辅佐，从而让百神安宁，使万民安乐。因此《诗》上说：'孝敬祖庙诸先公，神灵无怨不降祸。'像这样的话，那么周文王的道德功业就不单单是教诲起的作用了。"晋文公说："这样说来，那教育就没有用了吗？"胥臣回答说："具备良好的素质，再加上文采，就会更加美好。所以人生下来就要学习，不学习就不能进入正道。"文公说："那对先前所说的八种残疾人怎么办呢？"胥臣回答说："这就要因材而用了，让驼背的俯身敲钟，让直胸的戴上玉磬，让矮子表演杂技，让瞎子演奏音乐，让聋子掌管烧火。糊涂的人、哑巴和侏儒，官长认为难以因材而用的，就让他们迁往荒远之地。教育，就是根据受教育者内在的因素、本质加以因势利导，就像河川有它的源头，迎它到江河里，然后让它汇成巨流。"

释义

本篇为我们研究古代教育提供了宝贵资料。首先教育者当然很重要，但更重要的是受教育者的内因所起的作用。其次，文章以周文王为例，既表示重视母亲怀孕期的"胎教"，如良好的环境，等等；更强调后天的教育，认为应注重自我修养的提高。最后，文章认为天无废物，即便是残疾人也可以因材施教。

赵文子冠

原文

赵文子冠①，见栾武子②，武子曰："美哉！昔吾逮事庄主③，华则荣矣，实之不知，请务实④乎。"

见中行宣子⑤，宣子曰："美哉！惜也，吾老矣！"

见范文子⑥，文子曰："而今可以戒⑦矣，夫贤者宠至而益戒，不足者为宠骄。故兴王赏谏臣，逸王⑧罚之。吾闻古之王者，政德既成，又听于民⑨，于是乎使工诵谏于朝⑩，在列者献诗使勿兜⑪，风听胪言于市⑫，辨袄祥于谣⑬，考百事⑭于朝，问谤誉于路，有邪而正之，尽戒之术也。先王疾⑮是骄也。"

见郤驹伯⑯，驹伯曰："美哉！然而壮不若老者多矣。"

注解：① 赵文子：赵武，晋国大夫。后为卿。赵盾之孙，赵朔之子，谥号"献文"，称献文子或文子。冠：行冠礼。古代男子二十岁时举行结发加冠的礼仪。② 见：拜见。按古礼，加冠后要带了礼物拜见乡大夫、乡先生。赵武为大夫，故拜见晋执政或致仕的六卿。栾武子：即栾书，晋卿。③ 庄主：指赵武之父赵朔，谥号"庄"，古代大夫称"主"，故称"庄主"。赵朔曾为下军主帅，栾书为下军副帅，故言"逮事庄主"。④ 务实：追求实效。⑤ 中行宣子：荀庚。晋国大夫。荀林父之子，又称中行伯。本姓荀，自从荀林父将中行（即中军），始别

称中行氏。⑥ 范文子：名燮，晋国大臣士会之子。⑦ 戒：警戒。⑧ 逸王：贪图安逸享乐的君王。⑨ 听于民：指听取百姓的批评和表扬。⑩ 工：乐师，一般由盲人担任。诵谏：诵读前世箴谏之语。⑪ 在列者：指在朝任职的公卿至于列士。兜(dōu)：蒙蔽。⑫ 风：采风，搜集。胪(lú)言：传言。⑬ 袄祥：凶吉。袄：同"妖"。谣：民谣，民歌。⑭ 百事：百官职事。⑮ 疾：疾恨，痛恨。⑯ 郤驹伯：郤锜(qí)，晋卿，郤克之子。

原文

见韩献子⑰，献子曰："戒之，此谓成人。成人在始与善⑱。始与善，善进善，不善蔑⑲由至矣；始与不善，不善进不善，善亦蔑由至矣。如草木之产⑳也，各以其物㉑。人之有冠，犹宫室之有墙屋㉒也，粪除㉓而已，又何加焉？"

见智武子㉔，武子曰："吾子勉之，成、宣之后而老为大夫㉕，非耻乎！成子之文，宣子之忠，其可忘乎？夫成子导前志以佐先君㉖，导法而卒以政，可不谓文乎？夫宣子尽谏于襄、灵㉗，以谏取恶，不惮死进，可不谓忠乎？吾子勉之，有宣子之忠，而纳㉘之以成子之文，事君必济。"

注解：⑰ 韩献子：韩厥，晋卿。⑱ 始与善：开始就结交善人。⑲ 蔑：无，没有。⑳ 产：生长。㉑ 各以其物：各种同类的草木在一起生长，意为物以类聚。物：类。㉒ 墙屋：墙壁与屋顶。㉓ 粪除：扫除，意为注意自我修养。㉔ 智武子：智䓨(yīng)，晋卿，荀首之子，荀林父之弟，也称荀䓨。食邑在智，谥号"武"，故称"智武子"。㉕ 成：赵成子，又称成季，赵武

的曾祖父赵衰。宣：赵宣子，又称宣孟，赵武的祖父赵盾。老：到老。㉖ 导前志：通晓前代的典章制度。导：达。志：记。先君：指晋文公。㉗ 襄：晋襄公。灵：晋灵公。㉘ 纳：吸纳，接受。

原文

见苦成叔子㉔，叔子曰："抑年少而执官者众㉚，吾安容子。"

见温季子㉛，季子曰："谁之不如，可以求㉜之。"

见张老而语之㉝，张老曰："善矣，从栾伯之言，可以滋㉞；范叔之教，可以大；韩子之戒，可以成㉟。物备矣，志在子㊱。若夫三郤㊲，亡人㊳之言也，何称述焉？智子之道善矣㊴，是先主覆露子也㊵。"

——《晋语》

注解：㉔ 苦成叔子：郤犫（chōu），晋卿，郤步扬之子。㉚ 抑：语气连词，或许。执官：担任官职。㉛ 温季子：郤至，晋卿，郤步扬之孙。㉜ 求：指退而求其次，不欲其有高远之志。㉝ 张老：张孟，晋国大夫。㉞ 滋：增益。㉟ 成：成就事业。㊱ 志在子：在于你的志向。㊲ 三郤：指郤锜、郤犫、郤至三人。㊳ 亡人：让人泄气。㊴ 智子：智䓨。道：通"导"，教导。㊵ 先主：指赵衰、赵盾。覆露：庇护，滋润。

今译

赵文子举行了加冠礼后，去拜见栾武子，武子说："美好啊！

以前我赶上侍奉你父亲,他外表很美,但华而不实,请你努力讲求实效吧!"

赵文子去拜见中行宣子,宣子说:"美好啊!可惜我老了,看不到你将来的作为了。"

去拜见范文子,文子说:"从今往后你可要时时警戒啊,贤明的人受到宠爱会更加警戒,智慧不足的人因为得宠就会骄傲起来。所以有作为的君王奖赏那些敢于进谏的臣子,而贪图享乐的君王却惩罚他们。我听说古时候的君王,在建立了德政之后,又能听取百姓的意见,于是叫盲人乐师在朝廷上诵读前代的箴言,让公卿列士献诗讽谏使自己不受蒙蔽,在市场上采集商旅的传言,在民谣中辨别吉凶,在朝廷上考察百官职事,在道路上询问路人对朝政的毁誉,有不好的地方就纠正过来,这都是警惕戒备的方法了。先王最痛恨的就是骄傲。"

去见郤驹伯,驹伯说:"美啊!但是壮年人不如老年人的地方多得很哪。"

去拜见韩献子,献子说:"要谨慎警戒啊,加冠意味着你已是成人。成人的关键在一开始就要亲近善人。一开始就亲近善人,善人再推荐善人,那么,不善的人就没法到自己身边了。一开始就亲近不善的人,不善的人又引见不善的人,那么,善人也就没法到自己身边了。这就好像草木的生长一样,同类相聚。人戴上冠冕,就如同宫室有了墙屋,只是为了扫除污秽、保持清洁罢了,除了这还有什么可增益的呢?"

去拜见智武子,武子说:"你好好努力吧!作为赵成子、宣子的后代,到老还只是大夫,那不是耻辱吗!成子的文德,宣子的忠心,难道可以忘记吗?成子通晓前代的典章,用来辅佐文公,精通法令而最终执政,这能说不是文德吗?宣子在襄公、灵公时尽心直谏,由于直谏而被灵公所憎恨,还是冒死进谏,这能说不是忠吗?你好好努力吧,有宣子的忠心,同时加上成子的文德,侍奉君王就一定能成功。"

　　去拜见苦成叔子郤犨,叔子说:"年轻当官的人很多,我怎么安排你呢。"

　　去拜见温季子郤至,季子说:"你自认比不上别人,那么可以退而求其次。"

　　赵文子去拜见张老(张孟),把各位卿大夫的话告诉了他。张孟说:"好呀,听从栾伯的话,可以使自己不断进步;听范叔的教诲,可以恢宏自己的度量;听韩子的告诫,有助于你成就事业。长辈的训诫都具备了,能否做到就要看你自己的志向了。至于三郤的话,是使人丧气的言论,有什么值得称道的呢? 智子的教导说得对呀,是先人的恩泽庇护、滋润着你啊。"

释义

　　古代贵族男子年满二十岁行加冠礼后,要接受前辈的教导,这不仅是加冠礼的一项内容,也是积累为人处世经验的宝贵机会。栾武子等四人各自提出对赵文子的要求和希望,关键是他自己要照着坚持做。

申叔时论傅太子之道

原文

　　庄王使士亹傅太子箴[①],辞曰:"臣不才,无能益焉。"曰:"赖子之善善之也。"对曰:"夫善在太子,太子欲善,善人将至;若不欲善,善则不用。故尧有丹朱[②],舜有商均③，启有五观④，汤有太甲⑤，文王有管、蔡⑥。是五王者，皆有元德⑦也，而有奸子。夫岂不欲其善，不能故也。若民烦⑧，可教训。蛮、夷、戎、狄，其不宾⑨也久矣，中国所不能用也。"王卒使傅之。

注解：① 庄王：楚庄王，名侣。公元前613—前591年在位。士亹(wěi)：楚国大夫。箴：楚庄王之子，继位后为楚恭王。② 丹朱：尧的儿子，因居丹水，故称丹朱。相传他傲慢、荒淫、不肖，故尧禅位于舜。③ 商均：舜的儿子。封于商，故名商均。相传他昏庸无能，故舜禅位于禹。④ 启：夏禹之子，夏朝国王，开始君主世袭制。五观：也作"武观"，启的儿子，太康之弟，封观国，在今河南浚县，常至洛水北岸狩猎，无德而被放逐。⑤ 太甲：商汤之孙，太丁之子，荒淫佚乐，被伊尹放逐于桐宫。三年后，太甲悔改，伊尹又迎立其为君，后有德政，称太宗。⑥ 管、蔡：周文王之子管叔鲜、蔡叔度，周武王弟。武王卒，周公摄政，两人不满，与纣王之子武庚勾结叛乱，被周公平定。⑦ 元德：大德。⑧ 烦：骚乱。⑨ 宾：宾服，臣服。

原文

问于申叔时⑩，叔时曰："教之春秋⑪，而为之耸善而抑恶焉⑫，以戒劝其心；教之世⑬，而为之昭明德而废幽昏⑭焉，以休惧其动⑮；教之《诗》⑯，而为之导⑰广显德，以耀明其志；教之礼，使知上下之则⑱；教之乐⑲，以疏其秽而镇其浮⑳；教之令㉑，使访物官㉒；教之语㉓，使明其德，而知先王之务用明德于民也；教之故志㉔，使知废兴而戒惧焉；教之训典㉕，使知族类㉖，行比㉗义焉。

注解：⑩ 申叔时：楚国贤大夫。⑪ 春秋：泛指历史著作。⑫ 耸：奖励。抑：贬斥。⑬ 世：帝王的世系谱牒。⑭ 幽昏：昏庸。⑮ 休：嘉。动：行动。⑯《诗》：《诗经》。⑰ 导：开。⑱ 则：法度。⑲ 乐：音乐。古人认为乐可移风俗，荡涤邪秽，与礼相辅而行，收教化之功。⑳ 疏：荡涤。浮：轻浮，浮躁。㉑ 令：法令。㉒ 访：知道、懂得。物官：百官之职事。㉓ 语：治国之善言嘉语。㉔ 故志：记载前代兴衰成败之书。㉕ 训典：指五帝之书。㉖ 族类：同宗的亲族。㉗ 比：符合。

原文

"若是而不从，动而不悛㉘，则文咏物以行之㉙，求贤良以翼之。悛而不摄㉚，则身勤㉛之，多训典刑以纳之，务慎惇笃以固之。摄而不彻㉜，则明施舍以导之忠㉝，明久长以导之信，明度量㉞以导之义，明等级以导之礼，明恭俭以导之孝，明敬戒以导之事，明慈爱以导之仁，明昭利以导之文㉟，明除害以导之武㊱，明精意以导之罚㊲，明正德以导之赏，明齐肃以耀之临㊳。若是而不济，不可为㊴也。

注解：㉘ 悛（quān）：改。㉙ 文：文辞。咏：讽谏，指以文辞讽托事物而劝谏。㉚ 摄：固，巩固。㉛ 身勤：指身体力行。㉜ 彻：通，通达。㉝ 施舍：赐予。忠：指忠恕之道。㉞ 度量：规格，标准。㉟ 文：指文德。㊱ 武：武力，武事。㊲ 精意：事件的精微之处。罚：指审理案件。㊳ 齐：一。肃：敬。临：临事。㊴ 为：为师傅。

原文

"且夫诵《诗》以辅相之,威仪以先后之,体貌以左右之,明行以宣⁴⁰翼之,制节义以动行之,恭敬以临监之,勤勉以劝之,孝顺以纳之,忠信以发之,德音以扬之,教备而不从者,非人⁴¹也。其可兴乎⁴²?夫子践位则退⁴³,自退则敬,否则赧⁴⁴。"

—— 《楚语》

注解:⑩ 宣:周遍。⑪ 非人:指不是一个可以教育的人。⑫ 兴:成。⑬ 夫子:指太子。退:谦退,引退。⑭ 赧(nǎn):忧惧。

今译

楚庄王派士亹教导太子箴,士亹辞谢说:"我没有才能,不能对太子有所教益。"庄王说:"靠您的才德可以把他教好。"士亹回答说:"变好的关键在太子,太子想学好,有才德的人就会来了;如果太子不想好,有才德的人教导他也不会听。所以尧有不肖子丹朱,舜有不肖子商均,启有不肖子五观,商汤有不学好的孙子太甲,周文王有不肖子管叔、蔡叔。这五位君王,虽然自己都有大德,却有邪恶的子孙。他们何尝不想子孙学好,那是没办法使子孙学好的缘故。如果百姓纷乱,是可以教育训导的。蛮、夷、戎、狄少数民族,他们不归顺已经很久了,中原诸侯国并不能使他们听从。"庄王最终还是让士亹教导太子。

士亹询问申叔时如何教导太子,申叔时说:"用古代的历史典籍来教育他,从而使他懂得褒扬善行而贬抑邪恶,来戒勉他的心;用先王的世系谱牒来教育他,从而使他知道有德行的人能名声显扬,昏庸的人要被废黜,来勉励和约束他的行为;用《诗》来教育他,对他宣扬先王的美德,来引导他的志向;用礼仪来教育他,使他知道上下尊卑的法度;用音乐来教育他,来涤荡他身上的污秽,使他稳重而不轻浮;用法令来教育他,使他懂得百官的职事;用治国的嘉言善语来教育他,使他发扬美德,知道先王以仁德引导百姓;用记载前世成败的书来教育他,使他懂得历代成败兴衰的道理而引起警戒;用先王的训典来教育他,使他知道宗族的发展,使行为符合道义。

　　"如果这样教导还不听从,举动有错而不改正,那就用文辞托物讽谏来劝导他,寻求贤良之士来辅佐他。改正了还不稳固,那就身体力行来熏陶他,经常用训典教导他、让他接受,努力谨慎地用笃厚的品德来巩固他的修养。稳固了却不通达,那就阐明赐予他的道理,引导他懂得忠恕;阐明如何可以使国家长治久安的道理,引导他守信用;阐明治国的标准,引导他处事恰当;阐明上下尊卑的秩序,引导他遵循礼法;阐明恭敬节俭的道理,引导他孝敬亲人;阐明恭敬警戒的原则,引导他办事成功;阐明慈爱待人的道理,引导他施行仁德;阐明要为百姓谋利的道理,引导他具有文德;阐明要除暴攘乱的道理,引导他树立武德;阐明事件的精微之处,引导他慎加惩罚;阐明对人要无所偏私,引导他正确赏赐;阐明做事要专一恭敬,使他明于处事。如果这样教导还不成功,那就不能做他的老师了。

　　"用吟诵诗歌来辅佐他,用礼仪来帮助他,用以礼相待来影响他,用身体力行来辅助他,用制订节义来规范他,端庄恭敬地督促他,勤勉恳切地规劝他,以孝顺之心对待他,用忠诚信义来启发他,用善言警句来激励他,如此全面教导还不听从的话,那就不是一个可以教育好的人了。难道还可以教养成人吗?太子即位您就引退,自己引退就将被尊敬,否则就会常常感到惭愧。"

释义

好父亲不一定能教出好儿子，"（父）皆有元德也，而有奸子"。教育虽然不是万能的，但怎么教很重要。教育的目的是培养德才兼备的人，要以这个目的来选择教学内容，然后就是分阶段实施，循序渐进。所以，"养不教，父之过"，哪怕圣人也会犯这样的错误。

第五单元
称霸诸侯

　　《国语》也是一部春秋时期大国的争霸史。管仲辅佐齐桓公称霸诸侯,成为五霸之首。随后,流亡结束的重耳成为晋文公,崛起中原,取代齐桓公霸主的地位。晋国霸业逐渐衰落,至悼公复兴。而南方的吴越争霸则构成了这段历史的尾声。阅读《国语》,一幅大国崛起争霸的画卷仿佛在眼前展开。

桓公霸诸侯

重耳自狄适齐

齐姜劝重耳勿怀安

齐姜与子犯谋遣重耳

文公修内政纳襄王

悼公始合诸侯

越王句践命诸稽郢行成于吴

吴王夫差与越荒成不盟

申胥自杀

范蠡谏句践勿许吴成卒灭吴

桓公霸诸侯

桓公忧天下诸侯。鲁有夫人①、庆父之乱②，二君③弑死，国绝无嗣。桓公闻之，使高子存之④。

狄人攻邢⑤，桓公筑夷仪以封之⑥，男女不淫⑦，牛马选具⑧。狄人攻卫⑨，卫人出庐于曹⑩，桓公城楚丘⑪以封之。其畜散而无育⑫，桓公与之系马⑬三百。天下诸侯称仁焉。于是天下诸侯知桓公之非为己动也，是故诸侯归⑭之。

注解：① 夫人：指鲁庄公夫人哀姜。② 庆父之乱：鲁庄公之弟庆父与哀姜私通。公元前662年，鲁庄公卒，哀姜欲立庆父为君，庆父杀太子般，公元前660年，又弑鲁闵公，内乱不止。故有"庆父不死，鲁难未已"的成语。③ 二君：指太子般和鲁闵公。④ 高子：齐卿高奚敬仲。存之：指立鲁僖公而安定鲁国。⑤ 邢：诸侯国名，国君姬姓，周公之后。在今河北邢台境内。周公之子封邢侯，在此建都。公元前661年，狄人攻邢，齐桓公联合宋、曹相救，迁都于夷仪。⑥ 夷仪：邢邑，在今山东聊城境内。封：封土建国。古时天子封建诸侯，必分给土地，划定疆界，聚土为堆作标志，故建国叫封国。⑦ 淫：指奸淫掳掠。⑧ 牛马选具：牲畜皆全，未被掠夺。⑨ 狄人攻卫：卫，诸侯国名，周武王之弟康叔封国。公元前660年，狄人攻破卫都朝歌，杀卫懿公。卫人奔宋，宋桓公聚集卫人，立公孙

申于曹,是为卫戴公。齐桓公派公子无亏守曹。卫戴公死,立卫文公。齐桓公赠卫文公战马三百,牛羊猪鸡狗各三百,并率诸侯为卫筑楚丘。⑩ 庐:寄居。曹:卫古邑名,在今河南滑县旧县城东。⑪ 楚丘:卫邑名,在今河南滑县东南。⑫ 畜:指六畜。散:散亡。育:养。⑬ 系马:关在马厩里驯养的良种马。⑭ 归:归附,趋向。

原文

桓公知诸侯之归己也,故使轻其币而重其礼⑮。故天下诸侯罢马⑯以为币,缕纂以为奉⑰,鹿皮四介⑱;诸侯之使垂橐⑲而入,稛载⑳而归。故拘㉑之以利,结㉒之以信,示之以武,故天下小国诸侯既许㉓桓公,莫之敢背,就其利而信其仁、畏其武。桓公知天下诸侯多与㉔己也,故又大施忠焉。可为动者为之动,可为谋者为之谋,军谭㉕、遂㉖而不有也,诸侯称宽焉。通齐国之鱼盐于东莱㉗,使关市几而不征㉘,以为诸侯利,诸侯称广焉。筑葵兹、晏、负夏、领釜丘㉙,以御戎狄之地,所以禁暴于诸侯也;筑五鹿、中牟、盖与、牡丘㉚,以卫诸夏之地,所以示权㉛于中国也。教㉜大成,定三革㉝,隐五刃㉞,朝服以济河而无怵惕焉㉟,文事胜㊱矣。是故大国惭愧,小国附协。唯能用管夷吾、宁戚、隰朋、宾胥无、鲍叔牙之属而伯功立㊲。

——《齐语》

注解:⑮ 币:聘问的礼物。礼:酬宾的礼物。⑯ 罢马:

"罢"通"疲",劣马。⑰ 缕綦(qí):用麻线编织的带子,用以作玉器的垫板,取其俭易。奉:承受物件的东西。⑱ 介:张。⑲ 垂橐(tuó):空袋。橐:装物的袋子。⑳ 稇(kǔn)载:满载。稇:用绳索捆扎。㉑ 拘:拘禁,扣押,引申为笼络。㉒ 结:结交。㉓ 许:指答应结盟,听从盟约。㉔ 与:亲附,服从。㉕ 军:名词用作动词,指以军队征伐并灭亡。谭:古国名。在今山东宁阳西北,公元前684年为齐所灭。㉖ 遂:古国名,在今山东宁阳西,公元前681年为齐所灭。㉗ 通:开放。东莱:春秋初为莱子国,因在齐之东,称东莱,也称东夷。后为齐所灭,成为齐属地。㉘ 关市几而不征:关卡对货物只检查不收税。几:识别,引申为检查、盘查。㉙ 葵兹、晏、负夏、领釜丘:均为地名。为与戎、狄等少数民族接壤的边境要塞,今地不详。㉚ 五鹿、中牟、盖与、牡丘:均为要塞关隘之地。五鹿在今河南濮阳,中牟在今河南中牟,盖与在今山西和顺,牡丘在今山东茌平。㉛ 权:权威。㉜ 教:教化。㉝ 定:停止。三革:指甲、胄、盾三种用皮革制成的防御装备。㉞ 隐:藏。五刃:指刀、剑、矛、戟、矢五种进攻武器。㉟ 朝服:礼服。济河:渡过黄河以平晋乱。怵惕(chù tì):恐惧,戒惧。㊱ 胜:成功。㊲ 管夷吾、宁戚、隰(xí)朋、宾胥无、鲍叔牙:均是齐国的卿大夫,著名的贤士。

今译

　　齐桓公担心着天下诸侯的事情。鲁国发生了哀姜和庆父淫乱祸国的事,太子般和鲁闵公先后被杀,君位没有人继承。桓公知道后,派高子去鲁国立僖公为君,使鲁国得以保存下来。

　　北方的狄人攻占邢国,齐桓公率诸侯在夷仪筑城,让邢国迁到那里,使邢国的百姓避免了狄人的奸淫掳掠,牛马如数得到保全。狄人攻占卫国,卫国的百姓被迫出走到曹邑寄居,齐桓公就在楚丘筑城,恢复卫国。卫人的牲畜在战乱中散失了,无法繁殖,桓公就送给他们养在马厩里的三百匹良马。这样天下诸侯都称赞桓公仁德。于是天下诸侯都知道桓公的这些举动并不是为自己做的,所以诸侯们都归附于他。

齐桓公知道天下诸侯归附他,因此就让诸侯们减轻朝聘的礼物,而用重礼回赠他们。所以天下诸侯朝见时用劣马做礼物,用麻织的带子做托玉器的衬垫,再加上四张鹿皮。诸侯的使者空着口袋而来,却都满载而归。由于齐国用利益笼络他们,用诚信结交他们,用武力威慑他们,所以天下的小国诸侯一经与桓公缔结盟约,就没有谁敢背弃。这是因为贪图他的好处,相信他的仁义,慑服于他的武力。桓公知道天下诸侯都服从自己,所以又大力施展他的忠信,可以为诸侯提供帮助的就提供帮助,可以为诸侯谋划的就去谋划。桓公派军队灭掉了不服从他的谭和遂两个小国,但自己不去占有而把它们的土地分给诸侯,所以诸侯们称颂他的宽宏大度。他在东莱一带开放齐国的鱼盐,命令关市对过往的鱼盐只检查而不征税,用这个办法使诸侯得到实利,诸侯们都称颂他能广施恩惠。他下令修筑葵兹、晏、负夏、领釜丘等几个要塞,用以防御戎人和狄人对邻近各诸侯国的侵扰;他还下令修筑五鹿、中牟、盖与、牡丘等几个关隘,用以捍卫诸夏的要地,并向中原各国显示自己盟主的权威。桓公为了霸业而进行的教化终于大见成效,于是甲、胄、盾停用,刀、剑、矛、戟、矢封藏,大家穿着朝服西渡黄河与强大的晋国会盟也丝毫不必害怕了,这是文治的成功。大国都自愧不如,小国纷纷归附。这一切都是因为齐桓公能重用管仲、宁戚、隰朋、宾胥无、鲍叔牙这些人才,霸业于是就建立起来了。

释义

本篇是对齐桓公成就霸业过程的历史总结。桓公能建霸业,首先靠的是强大的武力作保障。对诸侯示之以武,让诸侯畏惧,威震中原。但比武力更重要的是实施文治。齐桓公为诸侯谋图利益,自然也能够在诸侯的拥戴中坐上霸主的宝座。任用贤臣,用其所长,用人不疑,也是他称霸的重要原因。

重耳自狄适齐

原文

文公在狄十二年①,狐偃②曰:"日③,吾来此也,非以狄为荣④,可以成事⑤也。吾曰:'奔而易达,困而有资⑥,休以择利,可以戾⑦也。'今戾久矣,戾久将底⑧。底著滞淫⑨,谁能兴之。盍⑩速行乎? 吾不适齐、楚,避其远也。蓄力一纪⑪,可以远矣。齐侯长矣⑫,而欲亲晋。管仲殁矣,多谗⑬在侧。谋而无正⑭,衷⑮而思始。夫必追择前言⑯,求善以终,履迹逐远⑰,远人入服⑱,不为邮矣⑲。会其季年⑳可也,兹㉑可以亲。"皆以为然。

注解:① 文公:晋文公,名重耳,晋献公庶子。公元前636—前628年在位。是春秋时期继齐桓公之后的第二位霸主。晋献公宠姬骊姬逼死太子申生,重耳于公元前655年自蒲城奔狄,在狄居住十二年,于公元前644年离开。② 狐偃:字子犯,重耳的舅父,故又称"舅犯"。狐偃跟随重耳奔狄,后又跟随他经齐、卫、曹、宋、楚、秦诸国,是重耳的主要谋士。③ 日:往日,以前。④ 荣:安乐。⑤ 成事:完成返回晋国之

事。⑥资：财物。⑦戾：安定，这里指定居。⑧厎：停止。
⑨厎著：停止不动。著：附，附着。滞淫：怠惰而废弃。
⑩盍(hé)：何不。⑪蓄：养。一纪：古人以十二年为一纪，
是一种纪年方法。⑫齐侯：齐桓公。长：年老。⑬多谗：很
多谗谄小人。指齐桓公所宠信的竖刁、易牙等人。⑭正：匡
正。⑮衷：心中，内心。⑯前言：指管仲以前的忠善之言。
⑰餍(yàn)：满足。迩：近。逐：追求。⑱入服：归服。
⑲邮：通"尤"，过失。⑳季年：晚年，暮年。㉑兹：此。

原文

乃行，过五鹿㉒，乞食于野人㉓。野人举块㉔以与之，
公子怒，将鞭之。子犯曰："天赐也。民以土服，又何求
焉？天事必象㉕，十有二年，必获此土。二三子志㉖之。
岁在寿星及鹑尾㉗，其有此土乎！天以命㉘矣，复㉙于寿
星，必获诸侯。天之道也㉚，由是始之。有此，其以戊
申㉛乎！所以申㉜土也。"再拜稽首，受而载之。遂适齐。

—— 《晋语》

注解：㉒五鹿：卫国城邑，在今河南濮阳南。㉓野人：
农人。㉔块：土块。㉕天事：上天成人间之事。象：象征，
征兆。㉖志：记、记住。㉗岁：岁星，也称太岁星，即木星。
古人用岁星纪年，岁星每年出现在黄道带中某一区间位置为
一年，依次运行，每十二年绕天一周。岁在寿星：鲁僖公十六
年(公元前644年)。寿星：星次名。鹑尾：星次名。这里指
鲁僖公二十七年(公元前633年)。㉘命：告，即预示。㉙复：
再。㉚道：天道，指天之大数十二年一转。㉛戊申：正月初

六。戊：五行为"土"。故戊申日有扩张土地的预兆。㉜申：同"伸"，扩张，开拓。

今译

晋公子重耳在狄已有十二年。狐偃说："当初我们到这儿来，不是因为狄地安乐，而是能够成就大事。我曾说过：'出奔狄地时容易到达，窘迫中能得到财物的资助，通过休整可以选择有利的时机，因此才住下来。'现在已经住很久了，住久了便会停止不前，停止不前再加苟且荒废，谁还能振作有为？何不赶快离开呢？当初我们不到齐、楚两国去，是怕路途太远。如今养精蓄锐了十二年，可以远行了。齐桓公年纪大了，想和晋国亲近。管仲去世后，桓公身边多是些谗谄小人，有所谋划却无人来匡正，心里就会怀念当初的盛况。因此他必定会重新考虑采纳管仲的忠善之言，希望求得一个好结果。齐国与邻国既已相安无事，就会谋求和远方的诸侯搞好关系，我们远方的人去投奔，就不会有什么过错。现在正值桓公的暮年，正是可以亲近他的好时机。"大家都认为狐偃说得很对。

于是重耳一行便出发了。他们路过五鹿时，向田野里的农人要饭吃，农人却把地里的土块给他们，重耳很生气，想要鞭打他。狐偃说："这是上天的赏赐啊。百姓献土表示顺服，我们还有什么可求的呢？上天要成事必定先有某种征兆，再过十二年，我们一定会获得这片土地。你们几位记住，当岁星运行到寿星和鹑尾时，我们大概会拥有这片土地。天象已经这样预示了，岁星再次运行到寿星时，我们一定能获得诸侯的拥戴。天道大数不会超过十二，征兆就是由此开始的。获得这块土地，应当是在戊申这一天吧！因为戊属土，申是扩张的意思。"于是重耳再拜叩头，收下泥块装在车上。然后，他们一行人便往齐国去了。

释义

　　重耳在狄十二年,娶妻生子,生活安逸。狐偃认为经过十二年的积蓄,时机已成熟,应该主动出击,寻求援助。经缜密分析,向东投奔齐国,寻求机会。途经卫国五鹿,向野人乞食,野人给了他一块泥土,狐偃认为这是一个好兆头:将获得土地,预示着霸业将成。

齐姜劝重耳勿怀安

原文

　　齐侯妻之①,甚善焉。有马二十乘②,将死于齐而已矣。曰:"民生③安乐,谁知其他?"

　　桓公卒,孝公④即位,诸侯叛齐。子犯知齐之不可以动⑤,而知文公之安齐而有终焉之志⑥也,欲行,而患之,与从者谋于桑下。蚕妾⑦在焉,莫知其在也。妾告姜氏⑧,姜氏杀之,而言于公子曰:"从者将以子行,其闻之者,吾以除之矣。子必从之,不可以贰⑨,贰无成命⑩。《诗》⑪云:'上帝临女⑫,无贰尔心。'先王其知之矣,贰将可乎?子去晋难而极于此⑬。自子之行。晋无宁岁⑭,民无成君⑮。天未丧晋,无异公子⑯,有晋国者,非子而谁?子其勉之!上帝临子,贰必有咎⑰。"

注解：① 齐侯：齐桓公。妻之：把宗室之女嫁给他。
② 乘(shèng)：古代一车四马为一乘。二十乘即八十四马。
③ 民生：人生。④ 孝公：齐孝公，名昭，桓公之子。公元前
642—前633年在位。⑤ 动：指返回晋国为君的行动。⑥ 终
焉之志：终老于齐国的思想。⑦ 蚕妾：养蚕的宫女。⑧ 姜
氏：齐桓公宗室之女，嫁给重耳，齐姜姓，故称姜氏，也称齐姜。
⑨ 贰：有二心。指犹豫不决。⑩ 成命：成就天命，即返回晋
国为君。⑪《诗》：指《诗经·大雅·大明》。⑫ 帝：上天。临
女：护佑您。女：通"汝"，指周武王。⑬ 晋难：指骊姬谗杀太
子申生，放逐群公子之难。极：到。⑭ 宁岁：安宁的岁月。
⑮ 成君：安定的君主。成：安。⑯ 无异公子：指献公之子九
人，只有重耳在了。⑰ 咎：灾祸。

原文

公子曰："吾不动矣，必死于此。"姜曰："不然。《周
诗》⑱曰：'莘莘征夫⑲，每怀靡及⑳。'夙㉑夜征行。不遑启
处㉒，犹惧无及。况其顺身纵欲怀安，将何及矣！人不求
及，其能及乎？日月不处㉓，人谁获安？西方之书有之
曰㉔：'怀与安，实疚㉕大事。'《郑诗》㉖云：'仲㉗可怀也，人
之多言，亦可畏也。'昔管敬仲㉘有言，小妾闻之，曰：'畏
威如疾，民之上也。从怀如流，民之下也。见怀思威，民
之中也。畏威如疾，乃能威民。威在民上，弗畏有刑。
从怀如流，去威远矣，故谓之下。其在辟㉙也，吾从中也。
《郑诗》之言，吾其从之。'此大夫管仲之所以纪纲㉚齐国，
禅辅先君而成霸者也㉛。子而弃之，不亦难乎？齐国之

政败③²矣,晋之无道久矣,从者之谋忠矣,时日及矣,公子几③³矣。君国可以济百姓,而释之者,非人也。败不可处,时不可失,忠不可弃,怀不可从,子必速行。吾闻晋之始封③⁴也,岁在大火⑤,阏伯③⁶之星也,实纪商人。商之飨国③⁷三十一王。瞽史⑧之纪曰:'唐叔之世③⁹,将如商数。'今未半也⑩。乱不长世,公子唯子,子必有晋。若何怀安?"公子弗听。

——《晋语》

注解:⑱《周诗》:指《诗经·小雅·皇皇者华》。⑲ 莘(shēn)莘:众多的样子。征夫:行路之人。⑳ 怀:怀念。靡:无,没有。㉑ 夙:早。㉒ 遑:闲暇。启处:跪坐。古代家居时的跪坐姿势,这里表示休息之意。㉓ 日月不处:指时间不会停留。㉔ 西方之书:指周朝的典籍。㉕ 疾:病,引申为危害。㉖《郑诗》:指《诗经·郑风·将仲子》。㉗ 仲:祭仲,郑国大夫。㉘ 管敬仲:即管仲。"敬"是管仲的谥号。㉙ 辟:同"譬",譬喻。㉚ 纪纲:有规范治理之意。㉛ 裨(bì)辅:辅佐,辅助。先君:指齐桓公。㉜ 败:衰败,败坏。㉝ 几:近。㉞ 晋之始封:指周成王十年(公元前1106年),周成王封弟唐叔虞于晋,是年为乙未年。㉟ 大火:星名,即心宿中央的红色大星,又名辰星、荧惑星。㊱ 阏(è)伯:传说是陶唐氏帝尧的火正。住在商的发祥地商丘,主管祭祀大火星,死后配食相土,故为主宰商朝的星,预示商朝凶吉。㊲ 飨国:享有国运。飨:同"享"。㊳ 瞽史:乐师和太史。㊴ 唐叔之世:唐叔的国运。因汤于乙未年灭夏建商,唐叔也于乙未年始封,都是大火星值年,故唐叔享国也同商朝一样应为三十一王。㊵ 今未半也:指唐叔虞到晋惠公还只有十四位国君,未及商君三十一位之半。

今译

　　齐桓公把宗室之女嫁给重耳为妻，待重耳很好。赠给重耳八十匹马，重耳便打算老死在齐国了。他说："人生就是为了享乐，谁还去想别的什么呢？"

　　齐桓公死后，孝公即位。诸侯都纷纷背叛齐国。子犯知道齐国此时不可能帮助重耳返国为君，也觉察出重耳已有安于齐国，并准备老死在此的想法，就打算离开齐国，又担心重耳不肯走，于是就和其他随从在桑树下商量这件事。齐国宫中一个养蚕的宫女正好在桑林间采桑叶，但谁也没有发觉她。宫女向姜氏报告，姜氏怕她泄露消息，便把她杀了，然后对公子重耳说："你的随从想要同你一起离开齐国，那个偷听到他们计划的人已经被我杀掉了。你一定要听从他们的安排，不能犹豫不决，遇事犹豫不决，就不能成就天命。《诗》上说：'上天暗中护佑您，迟疑不决可不行。'武王知道天命，因此能伐纣灭商成大事，犹豫不决怎么能行呢？你因晋国有骊姬之乱而来到这里。自从你离开以后，晋国没有安宁的岁月，百姓也没有一个稳定的国君。上天还没有要晋国灭亡，晋献公也没有其他的公子了。能拥有晋国的，不是你还有谁？你一定要好好努力！上天在保佑你，迟疑不决一定会有灾祸。"

　　公子重耳说："我不想再回晋国了，一定要老死在这里。"姜氏说："不能这样。《周诗》上说：'那些奉命出行的人，时常想着有事要办，唯恐拖延办不成。'昼夜奔忙在路上，没有空闲安坐休息，这样尚且还怕无所成就。更何况那些随意放纵嗜欲、贪恋安逸的人，会有什么成就呢？一个人不追求及时完成大业，又怎么能达到目的呢？日月流逝，时光不停留，一个人哪能只图安逸呢？周朝的典籍上有句话说：'贪图享乐和安逸，是会败坏大事的。'《郑诗》上说：'仲子令我思念，别人闲话也可畏啊。'以前管仲说的话，我也曾听到过，他说：'一个人敬畏天威如害怕疾病，

111

是人中的上品。只知道顺从私欲，随流而下，是人中的下品。看到可眷恋的事物，就想起天威的可畏，是中等人。只有敬畏天威如害怕疾病一样，才能在百姓中树立声威，有声威才能居于民上，对天威无所畏惧，则将受到惩罚。只知顺从私欲，随流而下，那离建立声威就很远了，因此说是人中的下品。照以上譬喻的话来看，我是愿做中等人的。《郑诗》上所说的话，我将遵从着去做。'这就是大夫管仲所以能够治理齐国，辅佐先君成就霸业的原因。现在你却要丢弃它，对你完成大业不是造成困难吗？齐国的政治已经衰败了，晋君的无道已经很久了，你随从的谋虑够忠心的了，已经到时候了，公子拥有晋国的日子近了。你成为晋国的国君，可以解救百姓，如果放弃这机会，那简直算不上一个人了。齐国的政治败坏了，不宜久居，有利的时机不可错过，你的随从一片忠诚，不可置之不理，眼前的安逸不可贪恋，你一定要赶快离开齐国。我听说，唐叔最初受封晋国的时候，那年岁星正在大火星的位置，也就是阏伯的星辰，记录着商朝的命运。商代享有天下，一共传了三十一位君王。乐师和太史的记载说：'唐叔的后裔享有晋国的代数，将同商朝一样。'现在晋国的世代还不到一半。晋国纷乱的局面不会长久下去，公子中只有你还在，你定能得到晋国。怎能贪恋眼前的安逸呢？"但是，公子重耳仍然不听这些劝告。

释义

重耳到齐国后，得到齐桓公的盛情款待，并把女儿齐姜嫁给他。一年后齐桓公卒，形势陡变，诸侯叛齐，重耳回到晋国的希望变得渺茫。而重耳也乐不思归，有终老齐国之愿。齐姜深明大义，力劝重耳不要贪图享乐、不思进取，表现了她的深谋远虑，真是巾帼不让须眉。

齐姜与子犯谋遣重耳

原文

　　姜与子犯谋①，醉而载之以行。醒，以戈②逐子犯，曰："若无所济③，吾食舅氏之肉，其知餍④乎！"舅犯走，且对曰："若无所济，余未知死所，谁能与豺狼争食？若克有成，公子无亦晋之柔嘉⑤，是以甘食⑥。偃之肉腥臊，将焉用之？"遂行。

——《晋语》

　　注解：①姜：齐姜。谋：谋划，策划。②戈：古代的一种武器。③济：成功。④餍：满足。⑤柔嘉：脆而美。⑥是：一切。甘食：食之而甘。犹言爱吃。

今译

　　姜氏与子犯商量，把重耳灌醉了，用车送走。重耳酒醒后，拿起一把戈就追打子犯，说："假如事业不成功，我就是吃了舅舅你的肉，也不能满足啊！"子犯一边逃一边回答说："假如事业不成功，我还不知道死在哪里，谁又能与豺狼争着吃我的肉呢？假如事业成功的话，那么公子不也就有了晋国最松脆美好的食品，都是你爱吃的。我狐偃的肉又腥又臊，哪里能吃呢？"于是，他们一行就离开齐国启程上路了。

释义

这是充满戏剧性的一幕。妻子和舅舅设谋，把重耳灌醉后装上车离开齐国。重耳醒后大怒，用戈追打子犯。在边追边逃边对答的过程中，重耳一行重新走上了征程。

文公修内政纳襄王

原文

元年春①，公及夫人嬴氏②至自王城。秦伯纳卫三千人，实纪纲之仆③。公属④百官，赋职⑤任功。弃责薄敛⑥，施舍分寡⑦。救乏振滞⑧，匡⑨困资无。轻关易道⑩，通商宽农。懋穑劝分⑪，省用足财。利器明德⑫，以厚民性⑬。举善援能，官方定物⑭，正名育类⑮。昭旧族⑯，爱亲戚⑰，明⑱贤良，尊贵宠，赏功劳，事耇老⑲，礼宾旅，友故旧⑳。胥、籍、狐、箕、栾、郤、柏、先、羊舌、董、韩㉑，实掌近官㉒。诸姬之良，掌其中官㉓。异姓之能，掌其远官㉔。公食贡㉕，大夫食邑㉖，士食田㉗，庶人食力㉘，工商食官㉙，皂隶食职㉚，官宰食加㉛。政平民阜㉜，财用不匮。

注解：①元年：晋文公元年，公元前636年。②嬴氏：即怀嬴，秦穆公之女，嫁文公后称文嬴。③纪纲之仆：具有管理才能的仆人。纪纲：管理。④属：会见。⑤赋职：授职。

⑥ 责：同"债"。弃责：废除旧债。敛：指赋税。⑦ 施舍：免除徭役。分寡：分配财物给寡少的人。⑧ 救乏：救济贫乏之人。振滞：提拔失志之士。⑨ 匡：挽救，救助。⑩ 轻关：减轻关税。易道：修整道路。易：平。⑪ 懋（mào）：勉励。穑（sè）：庄稼。劝分：鼓励互通有无。⑫ 利器：改进器具。明德：宣扬德教。⑬ 厚民性：使百姓德性淳厚。⑭ 官方：制订为官的常规。方：常。定物：按法规办事。物：事。⑮ 正名：端正上下尊卑名分。育类：培养善行。⑯ 昭：昭明，表彰。旧族：旧臣中有功者之族。⑰ 亲戚：亲属和贵戚。⑱ 明：使显耀。⑲ 耇（gǒu）老：老年人。⑳ 故旧：故人旧友。㉑ 胥……韩：晋国十一家贵族，左右晋国政权。㉒ 近官：朝廷任职之官。㉓ 中官：内官，即宫中之官。㉔ 远官：边远地区的地方官。㉕ 公：公族。即晋国君与同姓子弟。贡：赋税，贡赋。㉖ 邑：采邑。㉗ 田：禄田。㉘ 庶人：平民百姓。力：指自食其力。㉙ 工商食官：古代百工、官商由官府掌管，或按月，或按日考其勤惰，向官府支取廪粟。㉚ 皂隶：差役和奴隶。㉛ 官宰：卿大夫的家臣。加：加田。即卿大夫有特殊功勋，在按例赏田之外再加赏之田，不必向国家纳税。㉜ 阜：多，盛。

原文

冬，襄王避昭叔之难㉝，居于郑地氾㉞。使来告难㉟，亦使告于秦。子犯曰："民亲而未知义也㊱，君盍纳王以教之义？若不纳，秦将纳之，则失周㊲矣，何以求诸侯？不能修身，而又不能宗人㊳，人将焉依？继文㊴之业，定武㊵之功，启土安疆，于此乎在矣！君其务之。"公说，乃行赂于草中之戎与丽土之狄㊶，以启东道。

——《晋语》

注解：㉝襄王：周襄王。昭叔：襄王之同母弟太叔带，也称王子带，因食邑在甘，封甘昭公，故称昭叔。昭叔与周襄王的王后狄后私通，襄王废狄后，狄人伐周，故襄王逃到郑国避难。㉞汜：郑邑名，在今河南襄城南。㉟告难：报告国内发生祸难。㊱亲：亲君。义：君臣之义。㊲失周：指失去侍奉周天子的机会。㊳宗人：尊崇周天子。宗：尊。㊴文：指晋文侯。㊵武：指晋武公。㊶行赂：送财物。草中之戎与丽土之狄：晋国东部的两个少数民族国家，属骊戎，曾以兵从文公，定周襄王之位于成周。

今译

晋文公元年春天，文公和夫人嬴氏从王城回国，秦穆公派三千卫士护送，都是具有管理才能的仆人。文公会见百官，授予官职，任用功臣。废除旧债，免除徭役，分配财物给寡少的人，救济贫乏之人，提拔失志之士，帮助困窘和没有财产的人。减轻关税，修整道路，便利通商，放宽对农民的政策。勉励农业生产，提倡互通有无，节省国家用度来使资财充足。改进器具，宣扬德教，使百姓德性淳厚。推举贤良，任用有才能的人，制定为官的常规，按法规办事，端正上下尊卑名分，培养善行。表彰有功勋的旧族，对同宗之人慈爱，使贤良显耀，尊崇贵臣，奖赏有功劳的人，侍奉老人，礼待宾客，亲近故人。胥、籍、狐、箕、栾、郤、柏、先、羊舌、董、韩十一族，都在朝廷担任近官。姬姓中贤良的人，担任宫廷内官。异姓中有才能的人，担任边远地区的地方官。公族享用贡赋，大夫收取采邑的租税，士人受禄田，平民百姓自食其力，百工、官商领受官廪粮食，皂隶按其职务领取粮食，家臣的食用取自大夫的加田。这样晋国政治清明，百姓富足，财用不匮乏。

冬天，周襄王为躲避昭叔之难，住到郑国的汜地，派使者到晋国告知王室之难，又派人到秦国。子犯说："百姓亲近君王，但还不知道君臣之义，您何不派兵送周襄王回国，以此来教导百姓懂得君臣之义呢？如果您不送，秦国就会送襄王回国，那就会失去侍奉周天子的机会，还凭什么来求得诸侯盟主的地位呢？如果不能修养品行，又不能尊奉周天子，别人又怎么会依附呢？继承晋文侯的业绩，弘扬晋武公的功德，开拓国土，安定疆界，就在于这次送周襄王回国了！您千万要做好这件事。"文公听了很高兴，于是就送给草中之戎和丽土之狄财物，打开东进的道路。

释义

　　晋文公即位后，励精图治，在秦国的帮助下，采取了一系列富国强民的政策，使晋国"政平民阜，财用不匮"，一派繁荣景象。恰巧此时周王室发生动乱，晋文公在子犯的建议下出兵勤王，助周襄王复国，在诸侯中建立威信，为建立霸业做好准备。

悼公始合诸侯

原文

　　始合诸侯于虚杅以救宋①，使张老延君誉于四方②，且观道逆者③。吕宣子④卒，公以赵文子为文也⑤，而能恤⑥大事，使佐新军⑦。三年，公始合诸侯。四年，诸侯会于鸡丘⑧，于是乎布命⑨、结援、修好、申盟⑩而还。令狐文子⑪卒，公以魏绛为不犯⑫，使佐新军。使张老为司马，使范献子为候奄⑬。公誉达于戎⑭。五年⑮，诸戎来请服,使魏庄子⑯盟之,于是乎始复霸。

注解：① 始合诸侯：指晋悼公于公元前573年即位并开始会合诸侯。虚杆(tīng)：宋地名。旧传在今山东泗水一带。一说在今河南睢县。救宋：公元前573年,宋鱼石叛国逃至楚国,楚伐宋,取彭城封鱼石。宋向晋告急,故悼公合诸侯以救宋,楚军未战,夜里溃退。② 张老：又称张孟,晋大夫。延：陈述,宣扬。③ 道逆者：指有道德者和逆乱者。④ 吕宣子：即吕相,又叫魏相,谥号"宣"。⑤ 赵文子：即赵武,赵盾的孙子。文：文德。⑥ 恤：顾惜。⑦ 使佐新军：根据清代学者王引之《经义述闻》考证,"佐"当为"将"。⑧ 鸡丘：晋地名,在今河北邯郸东南。⑨ 布命：宣布命令,具体指朝聘礼节等。⑩ 申盟：重申虚杆的盟约。⑪ 令狐文子：即魏颗,食邑在令狐,谥号"文子",故称。⑫ 魏绛：晋国大夫,下文称魏庄子。不犯：指公正严肃,不能用非法之事动摇他。⑬ 范献子：即士鞅。候奄：即元候,又叫候正,军中掌谍报侦察之官。⑭ 戎：指居住在晋国北面的少数民族。⑮ 五年：晋悼公五年,即公元前569年。⑯ 魏庄子：即魏绛。

原文

四年,会诸侯于鸡丘,魏绛为中军司马,公子扬干乱行于曲梁⑰,魏绛斩其仆⑱。公谓羊舌赤曰⑲:"寡人属⑳诸侯,魏绛戮㉑寡人之弟,为我勿失。"赤对曰:"臣闻绛之志,有事不避难,有罪不避刑,其将来辞。"言终,魏绛至,授仆人书而伏剑㉒。士鲂、张老交止之㉓。仆人授公,公读书曰:"臣诛于扬干,不忘其死。曰㉔,君乏使,使臣狃㉕中军之司马。臣闻师众以顺为武㉖,军事有死无犯㉗为敬,君合

诸侯，臣敢不敬㉘，君不说㉔，请死之。"公跣㉚而出，曰："寡
人之言，兄弟之礼也。子之诛㉛，军旅之事也，请无重㉜寡
人之过。"反㉝役，与之礼食㉞，令之佐新军。

—— 《晋语》

今译

　　晋悼公在虚杞开始会合诸侯，去援救宋国。他派遣张老到
诸侯各国去宣扬国君的声誉，并且观察哪些诸侯是有德的，哪些
诸侯是逆乱的。吕宣子死后，悼公认为赵文子有文德，而且能够
关心军国大事，便派他代替宣子统帅新军。悼公三年，悼公开始
会合各国诸侯。悼公四年，诸侯在鸡丘会盟，于是就宣布命令，

缔结援助条约,加强友好关系,重申盟约,然后回国。令狐文子死后,悼公认为魏绛严守军纪,派他辅佐新军。任命张老代替魏绛为司马,范献子代替张老为候奄。悼公的声誉传到了戎族部落。悼公五年,各戎族部落前来请求归服,悼公派魏庄子和他们结盟,于是晋国继晋文公之后重新称霸诸侯。

悼公四年,在鸡丘会盟诸侯,当时魏绛任中军司马,悼公的弟弟公子扬干在曲梁扰乱了军队的行列,魏绛杀了他的车夫。悼公对羊舌赤说:“我会合诸侯,魏绛却羞辱我的弟弟,把他给我抓起来,不要让他跑掉。”羊舌赤回答说:“我听说魏绛的志向,遇到事不避危难,有了罪不避刑罚,恐怕他会自己来说明情况。”话音刚落,魏绛就来了,他把写给悼公的信交给掌管传达奏事的人,就准备自杀。士鲂和张老一齐劝阻他。传达奏事的人把信交给了悼公,悼公读了他的信,信里说:“我惩罚扬干,知道犯了死罪。日前,国君缺乏役使的人,让我担任中军的司马。我听说军队服从命令才显勇武,宁死不犯军法才是敬慎。君主会合诸侯,我不敢不敬奉职守。君主为此不高兴,我愿求一死。”悼公赤着脚赶紧跑出来,说:“我所说的话,是出于兄弟之礼。你对扬干的处治,是按军法办事,请您不要加重我的过错。”会盟回国后,悼公在宗庙设宴招待魏绛,任命他为新军副帅。

释义

晋悼公即位时只有 14 岁,而晋国霸主的地位也已动摇。这位少年国君任用贤能,修明内政,国内大治。鸡丘会盟,抗楚救宋,复兴霸业。他明辨是非,知错能改,当面向魏绛承认错误。而魏绛忠于职守,秉公执法,让人敬佩。君明臣直,是晋国复兴的重要原因。

越王句践命诸稽郢行成于吴

原文

吴王夫差起师伐越①,越王句践起师逆之②。大夫种③乃献谋曰:"夫吴之与越,唯天所授,王其无庸战。夫申胥、华登简服吴国之士于甲兵④,而未尝有所挫也。夫一人善射,百夫决拾⑤,胜未可成也。夫谋必素见⑥成事焉,而后履⑦之,不可以授命⑧。王不如设戎,约辞行成⑨,以喜其民,以广侈⑩吴王之心。吾以卜之于天,天若弃吴,必许吾成而不吾足⑪也,将必宽然而有伯诸侯之心焉⑫。既罢弊其民,而天夺之食,安受其烬⑬,乃无有命矣。"

注解:① 吴:国名。为泰伯之后,姬姓。疆域占今江苏大部分和浙江、安徽一部分,建都于吴(今江苏苏州),公元前473 年为越国所灭。夫差(chāi):吴国国君,阖(hé)庐之子,公元前495—前473 年在位。越:国名。姒姓,相传始祖为夏少康庶子无余,封于会稽(今浙江绍兴)。全盛时疆域为浙江大部分,江苏、安徽、江西部分地区,曾北上争霸。战国时国力衰弱,为楚所灭。② 句(gōu)践:越国国君,允常之子。公元前497—前465 年在位。逆:迎战,迎敌。③ 种:文种,字少禽,越国大夫,句践主要谋臣。④ 申胥:即伍子胥,名员(yún)。

楚太傅伍奢之子,公元前 522 年楚平王杀伍奢,伍员奔吴,王封之于申,故称申胥。华登:宋司马华费遂之子,公元前 522 年宋元公杀华氏、向氏,华登奔吴,吴王任其为大夫。简:选拔。服:训练,教习。⑤ 决拾:射箭的用具。决:用象牙兽骨做的扳指,射箭时套在右手大拇指上,用来拉弓弦。拾:用皮革做的护臂,套在左臂上,拢住衣袖以免妨碍开弓。⑥ 素见:预见。⑦ 履:执行,履行。⑧ 授命:送命。⑨ 约辞:谦卑的言辞。行成:求和。⑩ 广侈:扩大,扩张。⑪ 不吾足:指不足以为我所畏惧。⑫ 宽然:安然。伯,通"霸",称霸。⑬ 烬:灰烬。此指吴国穷兵黩武,致使百姓疲弊,再加上天灾乏食的残局。

原文

越王许诺,乃命诸稽郢行成于吴⑭,曰:"寡君句践使下臣郢,不敢显然布币行礼⑮,敢私告于下执事⑯曰:昔者越国见祸,得罪于天王⑰。天王亲趋玉趾⑱,以心孤⑲句践,而又宥赦之。君王之于越也,繄起死人而肉白骨也⑳。孤不敢忘天灾,其敢忘君王之大赐乎?今句践申祸㉑无良,草鄙㉒之人,敢忘天王之大德,而思边垂㉓之小怨,以重得罪于下执事?句践用帅二三之老㉔,亲委㉕重罪,顿颡于边㉖。

注解:⑭ 诸稽郢:越国大夫。⑮ 显然:公开。布:陈。币:古代用于馈赠的礼品,如玉、帛、皮、马之类。⑯ 下执事:指手下的办事人员。古人自谦之词,表示不敢直接向吴王陈述,须请吴王的办事人员代为传达。⑰ 天王:对吴王的尊称。

此乃谄谀之辞,把夫差尊奉为天子,使其傲慢。⑱ 玉趾:犹言尊贵的脚。玉:敬词。趾:脚。⑲ 孤:弃,抛弃。⑳ 繄(yī):是。起死人而肉白骨:使人死而复生,使白骨长肉,比喻恩德深厚。㉑ 申祸:再次遭到灾祸,指再次遭受吴国讨伐。申:重。㉒ 草鄙:草野鄙陋。㉓ 边垂:边境。㉔ 用:因此。老:指家臣。㉕ 委:归。㉖ 顿颡(sǎng):下拜叩头。边:边境。

原文

"今君王不察,盛怒属㉗兵,将残伐越国。越国固贡献之邑也,君王不以鞭箠㉘使之,而辱军士使寇令焉㉙。句践请盟:一介嫡女㉚,执箕帚以晐姓㉛于王宫;一介嫡男,奉槃匜以随诸御㉜;春秋贡献,不解㉝于王府。天王岂辱裁之? 亦征诸侯之礼也。

"夫谚曰:'狐埋而狐搰㉞之,是以无成功。'今天王既封植㉟越国,以明闻于天下,而又刈㊱亡之,是天王之无成劳也。虽四方之诸侯,则何实㊲以事吴? 敢使下臣尽辞,唯天王秉利度义焉㊳!"

——《吴语》

注解:㉗ 属:合,集。㉘ 鞭箠:鞭子责打。箠:马鞭。㉙ 辱:辱没,谦辞。寇令:抵御敌寇的命令。㉚ 一介:一个。嫡:指正妻。㉛ 晐姓:纳女给天子。晐(gāi):配备。㉜ 奉:同"捧"。槃匜(pán yí):古代盥洗用具。槃:木盘,用以盛水。匜:洗手器皿,用以浇水。御:近侍之类的官。㉝ 解:同"懈",懈怠。㉞ 搰(hú):掘出,挖出。㉟ 封植:培植,扶植。㊱ 刈(yì):芟除,割除。㊲ 实:事实。㊳ 秉:执,引申为根据。义：合适。

今译

　　吴王夫差出兵攻打越国，越王句践率兵对抗。大夫文种向句践献计说："吴国与越国的命运，是由天意决定的，您还是不要战了。申胥和华登选拔训练吴人把他们编成军队，至今还不曾被打败过。吴国只要有一个人善于射箭，就会有一百个人拉紧弓弦仿效他，我们能否获胜还没有把握。凡是要谋划一件事，必须要预见到成功的可能，然后才可以付诸实践，不能白白送死。您不如对内设兵自守，对外用谦卑的辞令向吴国求和，让吴国的百姓高兴，让吴王称霸的野心膨胀。我们为此可以卜问上天，上天如果要抛弃吴国，必定保佑我们求和成功，让吴国不足以为我所畏惧，进一步膨胀它称霸诸侯的野心。等到吴国百姓疲惫，上天降灾粮食歉收，这时越国就可以安安稳稳地收拾残局，吴国就失去上天的保佑了。"

　　越王同意了文种的计谋，于是派诸稽郢去吴国求和，说："我们国君派我来，不敢公开献上玉帛表达敬意，只敢私下请贵国的办事人员转达说：过去越国遭祸，得罪了天王。天王亲自率兵，打算灭掉句践，却又宽宥赦免了他。天王对于我们越国的恩德，如同让死人复活，让白骨重新长肉一样啊。句践不敢忘记上天降下的灾祸，又怎敢忘记天王的大德呢？我句践现在重遭灾祸，没有善良的德行，草野鄙贱之人，岂敢忘记天王的大恩大德，而去计较两国边境上的小怨恨，以至再次得罪天王的办事人员呢？我句践因此率领几个家臣，亲自承认犯下的重罪，在边境上向君王叩头求饶。

　　"现在君王不了解情况，在盛怒之下调集军队，打算灭掉越国。越国本来就是向吴国纳贡的城邑，君王不用鞭子役使它，反而让您的军士屈尊来讨伐。句践请求缔结盟约：送上一个嫡生女儿,拿着箕帚到王宫里侍奉您;送上一个嫡生儿子,捧着盘匜跟近侍一起伺候您;春秋两季的贡品,决不间断。天王又何须屈尊来制裁越国呢? 我们现在进献的贡品也是按照天子向诸侯征税的礼制啊。

"谚语说:'狐狸埋藏了东西,又把它掘出来,所以没有成功。'现在天王既已扶植越国,以圣明显扬于天下,却又要消灭它,这使天王对越国的扶植徒劳无功。即使四方的诸侯,根据什么来臣服吴国呢? 我冒昧地把话说明白,只希望天王根据利来作决断。"

释义

吴王阖庐攻越失败,被伤了大脚趾,不久去世。夫差替父报仇,三年后败越于夫椒,越王句践退守会稽,卑辞厚礼地向吴国求和。在这个过程中,有两个人起了重要作用:越国大夫文种见识高远,劝句践包羞忍辱;诸稽郢擅长外交辞令,深谙吴王夫差骄傲自大的心理,凭借三寸不烂之舌,说尽好话,求和成功,为越国复兴赢得机会。

吴王夫差与越荒成不盟

原文

吴王夫差乃告诸大夫曰:"孤将有大志于齐^①,吾将许越成,而无拂^②吾虑。若越既改,吾又何求? 若其不改，反行③，吾振旅④焉。"

　　申胥⑤谏曰："不可许也。夫越非实忠心好吴也，又非慑畏吾兵甲之强也。大夫种⑥勇而善谋，将还玩吴国于股掌之上⑦，以得其志⑧。夫固知君王之盖威⑨以好胜也，故婉约其辞，以从逸⑩王志，使淫乐于诸夏之国⑪，以自伤⑫也。使吾甲兵钝弊⑬，民人离落⑭，而日以憔悴，然后安受吾烬⑮。夫越王好信以爱民，四方归之，年谷时熟，日长炎炎⑯。及吾犹可以战也，为虺⑰弗摧，为蛇将若何？"

注解：① 有大志于齐：指将讨伐齐国。② 拂：违背。③ 反行：指征讨齐国回来。④ 振旅：整顿军队。⑤ 申胥：吴国大夫，即伍子胥，封于申，故称申胥。⑥ 种：文种，越国大夫。⑦ 还(xuán)玩：旋转，玩弄。股掌：大腿，手掌。⑧ 志：指灭吴之志。⑨ 盖威：指崇尚武力。盖：尚。⑩ 从逸：放纵逸乐。从：通"纵"。⑪ 诸夏之国：指中原地区周王室所分封的国家。⑫ 自伤：自己伤害自己，即自取灭亡。⑬ 弊："弊"的异体字。⑭ 离：叛离。落：陨落，逃亡。⑮ 烬：灰烬，比喻败亡后的残局。⑯ 炎炎：强烈的阳光或火光，引申为兴盛的样子。⑰ 虺(huǐ)：小蛇。

原文

　　吴王曰："大夫奚隆于越⑱，越曾足以为大虞乎⑲？若无越，则吾何以春秋曜吾军士⑳？"乃许之成。

　　将盟，越王又使诸稽郢辞曰："以盟为有益乎？前盟口血未干㉑，足以结信矣。以盟为无益乎？君王舍甲兵之威以临使之,而胡^㉒重于鬼神而自轻也?"吴王乃许之,荒成不盟^㉓。

——《吴语》

注解:⑱ 奚:为什么。隆:兴盛。⑲ 曾(zēng):岂,难道。大虞:大大的忧患。⑳ 春秋:指春秋二季阅兵振旅。曜(yào):通"耀",炫耀。㉑ 口血未干:古代结盟,要将牲血涂抹在嘴上或含在口里,表示诚信。即歃血为盟。此指与前盟相距时间之短。㉒ 胡:何,为什么。㉓ 荒:空。荒成不盟即凭口头协议,而不歃血为盟。

今译

　　吴王夫差于是对大夫们说:"我将要征伐齐国,称霸中原,为此我将答应越国讲和的请求,你们不要违背我的想法。假如越国已经改正,我还要求它什么?假如越国不改正,从齐国返回后,我还可以整顿军队攻打它。"

　　申胥规劝说:"不可以答应越国的求和。越国并非真心与吴国友好,也并非慑服于我们军队的强大。越国的大夫文种勇敢而善于谋略,他将吴国玩弄于股掌之上,以实现其灭吴的野心。他本来就知道您崇尚武力,好胜心强,所以就用委婉动听的话来放纵您的意志,让您逞欲于中原各国,以自取败亡。使我们的军队疲惫,兵器损耗,百姓背弃逃亡,国力日趋衰弱,然后安安稳稳地收拾我们的残局。越王重信义,爱百姓,四方的人都归附于他。那里年年丰收,国势隆盛。趁着现在我们还有力量赶紧消灭它,好比一条小蛇,现在不打死它,等它长成了大蛇怎么办?"

　　吴王说:"大夫你何必把越国讲得那么强大,越国难道会成为我们的心腹大患吗?如果越国不存在,那么春秋两季阅兵时,我向谁去炫耀我们的军威呢?"于是就答应了越国的求和。

吴、越两国将要举行结盟仪式时,越王又派诸稽郢来推辞说:"君王认为盟誓有用吗?先前盟誓时留在嘴边的血迹还没有干,足够表示结盟的信义了。认为盟誓没有用吗?如果没用,那么君王不必动用武力,亲自来役使我们就行了,何必看重鬼神的威力而看轻自己的力量呢?"吴王于是同意了,达成口头协议而不歃血为盟。

释义

伍子胥力谏夫差,应拒绝和议,宜将剩勇追穷寇,不可留后顾之忧,这无疑是正确的。更可贵的是,伍子胥看透了越国怂恿夫差征伐中原、称霸诸侯的真实目的——企图消耗吴国国力,以便灭吴。可惜骄傲自满的夫差利令智昏,看不到这一点,走上了自取灭亡的道路。

申胥自杀

原文

吴王还自伐齐,乃讯①申胥曰:"昔吾先王②体德明圣,达于上帝,譬如农夫作耦③,以刈杀四方之蓬蒿④,以立名于荆⑤,此则大夫之力也。今大夫老,而又不自安恬逸,而处以念恶⑥,出则罪吾众,挠乱百度,以妖孽⑦吴国。今天降衷于吴⑧,齐师受服。孤岂敢自多⑨,先王之钟鼓^⑩，寔式灵之^⑪。敢告于大夫。"

注解：① 讯：应作"谇(suì)"，诘问，责问。② 先王：指吴王阖庐。③ 耦(ǒu)：耦耕，两人并肩而耕，这里比喻申胥辅佐阖庐治国。④ 刈(yì)：割，铲。蓬蒿：泛指田间杂草，这里指吴国的敌对势力。⑤ 立名：指公元前506年吴王阖庐在柏举打败楚国，进入楚国郢都，迫使楚昭王奔随，名震诸侯，主要是申胥辅佐之功。荆：古代楚国之别称。因其原来建国于湖北荆山一带。⑥ 处以念恶：闲居在家想败坏吴国，这是夫差强加给伍子胥的罪名。⑦ 妖孽：祸害，危害。⑧ 今天降衷于吴：现在上天降福于吴。衷：善，福。⑨ 自多：自己夸耀功劳。⑩ 钟鼓：借指军队。古代用鸣钟、击鼓指挥军队。即击鼓前进，鸣金收兵。⑪ 寔(shí)：实在。式：用，显出。灵：神灵。

原文

申胥释剑^⑫而对曰："昔吾先王世有辅弼之臣，以能遂疑计恶^⑬，以不陷于大难。今王播弃黎老^⑭，而孩童焉比谋^⑮，曰：'余令而不违。'夫不违，乃违^⑯也。夫不违，亡之阶也。夫天之所弃，必骤近其小喜，而远其大忧。王若不得志于齐，而以觉寤王心，而吴国犹世^⑰。吾先君得之也，必有以取之；其亡之也，亦有以弃之。用能援持盈以没^⑱，而骤救倾以时^⑲。今王无以取之，而天禄亟^⑳至，是吴命之短也。员不忍称疾辟易^㉑，以见王之亲为越之擒也。员请先死。"遂自杀。将死，曰："以悬吾目于东门，以见越之入，吴国之亡也。"王愠^㉒曰："孤不使大夫得有见也。"乃使取申胥之尸,盛以鸱鹕^㉓,而投之于江^㉔。

——《吴语》

注解:⑫ 释剑:解下佩剑。⑬ 遂疑计恶:决断疑难,考虑险恶。⑭ 播弃:抛弃。黎老:老人。⑮ 比谋:合谋。⑯ 违:指违背天道。⑰ 世:世代延续。⑱ 援持:继续保持。盈:满,指兴盛的形势。没:去世。⑲ 骤:急速。倾:败亡。⑳ 亟(qì):屡次。㉑ 辟易:退避。㉒ 愠:恼怒。㉓ 鸱鹕(chī yí):皮革制的口袋。亦作"鸱夷"。㉔ 江:长江。

今译

吴王夫差战胜齐国归来后,就责问申胥说:"从前我们的先王德高圣明,通达上天的意旨,就像农夫并肩耕作一样,与你一起割除四方的杂草,战败楚国,威震诸侯,这是你的功劳。如今你老了,却又不安心于闲适的生活,在家尽动些坏念头,出外就怪罪我们的军队,扰乱法度,来祸害吴国。现在上天降福吴国,让齐国降服。我岂敢自夸功劳,这实在是先王的军队,得到神灵佑助的缘故。我冒昧告诉你这个消息。"

申胥解下佩剑回答说:"过去我们世代有辅佐的贤臣,用来帮助决断疑难,考虑险恶,所以没有遭受大难。现在您抛弃老臣,去和年轻人合谋国事,说:'我的命令不能违背。'不违背您的命令,恰恰是对天道的违背。这样的不违背,正是亡国的阶梯啊。那上天所要抛弃的,必定先给它小小的欢喜,而把大的忧患留在后面。您如果伐齐不胜,反而内心会有所觉悟,这样吴国还可以世代延续。我们先王凡是取得成功,必定有成功的条件;凡是遭到失败,也自有失败的原因。因此能保持吴国的兴盛直到他去世,而且多次及时挽回危局。现在您没有取得成功的条件,而上天赐给你的福禄却多次降临，说明吴国的国运不长了。我不忍心称病退避，亲眼看到你被越国人所生擒，我只有请求先死！"于是就自杀了。临死前，说："把我的眼睛悬挂在国都的东门上，让我看到越国军队侵入国都，吴国灭亡。"吴王夫差恼怒地说："我不会让你看到什么。"便派人把申胥的尸体装到皮袋中，投入了长江。

释义

这是悲壮的一幕。伐齐获胜后，夫差更加狂妄，不断对伍子胥发难。伍子胥解下佩剑，从容死谏。他以阖庐的贤明与夫差的昏庸对比，感情真挚，一片忠心，最后说出了"悬吾目于东门，以见越之入，吴国之亡也"这样痛心疾首的话，更表现了他的远见和悲愤。夫差把伍子胥的尸体装进皮囊，投入长江，说明他是一个刚愎自用的暴君。

范蠡谏句践勿许
吴成卒灭吴

原文

　　居军三年①，吴师自溃。吴王帅其贤良②，与其重禄③，以上姑苏④。使王孙雒⑤行成于越，曰："昔者上天降祸于吴，得罪与会稽。今君王其图不穀，不穀请复会稽之和。"王弗忍，欲许之。范蠡进谏曰："臣闻之，圣人之功,时为之庸⑥。得时不成,天有还形⑦。天节不远,五年复反,小凶⑧则近,大凶⑨则远。先人有言曰:'伐柯者其则不远⑩。'今君王不断⑪,其忘会稽之事乎?"王曰:"诺。"不许。使者往而复来,辞愈卑,礼愈尊,王又欲许之。范蠡谏曰:"孰使我蚤朝而晏罢者⑫,非吴乎?与我争三江、五湖之利者,非吴耶?夫十年谋之,一朝而弃之,其可乎?王姑勿许,其事将易冀已⑬。"王曰:"吾欲勿许,而难对其使者,子其对之。"范蠡乃左提鼓,右援桴⑭,以应使者曰:"昔者上天降祸于越,委制于吴,而吴不受。今将反此义以报此祸,吾王敢无听天之命,而听君王之命乎?"王孙雒曰:"子范子⑮,先人有言曰:'无助天为虐,助天为虐者不祥。'今吴稻蟹不遗种,子将助天为虐,不忌其不祥乎?"范蠡曰:"王孙子,昔吾先君固周室之不成子⑯也,故滨于东海之陂,鼋鼍⑰鱼鳖之与处,而蛙黾⑱之与同渚。余虽靦⑲然而入面哉,吾犹禽兽也,又安知是諓諓⑳者乎?"王孙雒曰:"子范子将助天为虐,助天为虐不祥。雒请反辞于王。"范蠡曰:"君王已委制于执事之人㉑矣。子往矣,无使执事之人得罪于子。"

使者辞反。范蠡不报于王,击鼓兴师以随使者,至于姑苏之宫,不伤越民,遂灭吴。

——《越语》

注解:①居军三年:指公元前475年11月越王句践率军包围吴国,至公元前473年11月灭吴。②贤良:指吴王左右亲近卫士。③重禄:指贵族大臣。④姑苏:指姑苏台。

⑤ 王孙雒(luò)：吴国大夫，王孙是姓。⑥ 时：天时。庸：用。
⑦ 还：返。形：同"刑"，惩罚。⑧ 小凶：小祸，指危败。⑨ 大
凶：大祸，指死灭。⑩ 伐柯者其则不远：出自《诗经·豳风·
伐柯》。意思是：吴过去不曾灭越，如今才有此败，现在绝不同
意讲和，免得将来重蹈覆辙。柯：斧柄，则：式样。⑪ 断：决
断。⑫ 蚤：通"早"。晏：晚。⑬ 冀：希望。已：通"矣"。
⑭ 枹(fú)：鼓槌。⑮ 子：前一"子"字为尊称，后一"子"字作
"先生"解。⑯ 不成子：不在国的子爵。意思是越为蛮夷之
邦，连子爵都不够格。⑰ 鼋(yuán)：癞头鼋。鼍(tuó)：扬子
鳄。⑱ 鼃黾(wā měng)：蛤蟆。渚：水中陆地。⑲ 靦(tiǎn)
然：惭愧的样子。⑳ 谀诚(jiàn)：巧言善辩的话。㉑ 执事之
人：办事人员，此为范蠡自称。

今译

越王句践出兵围困吴国三年后，吴军不战自败。吴王带着
他的亲近卫士和贵族大臣们逃到姑苏台上避难，派王孙雒向越
国求和说："过去上天在吴国降下灾祸，使我在会稽得罪了贵国。
现在越王报复了我，我请求恢复当年越王退守会稽实行的和
好。"越王有点不忍心，打算答应讲和。范蠡规劝说："我听说圣
人成就功业在于他能利用天时。得了天时还不成功，上天就转
到相反的方面去了。天时的转变为期不远，五年一次。小的灾
难来得快，大的灾难来得慢。前人说：'砍树干做斧柄，手里拿的
斧柄就是式样，不必到远处寻找。'现在君王迟迟不能决断，难道
忘记了当年在会稽蒙受的差耻吗？"越王说："好吧。"就不答应与
吴国讲和。

吴国的使者去了又回来求和，措辞越发谦卑，礼节越发尊
敬，越王又打算答应他。范蠡规劝说："让我们一早就上朝，很晚
才罢朝而忧劳国事的，不是吴国吗？同我们争夺三江五湖利益
的，不也是吴国吗？我们辛辛苦苦谋划了十年，一个早晨尽弃前

功,怎么可以呢? 君王暂且不要答应,事情很快就有希望了。"越王说:"我想不答应,但难以应付吴国的使者,你去答复他吧。"范蠡于是左手提着鼓,右手拿着鼓槌,来答复吴国的使者说:"过去上天给越国降下灾祸,让越国受吴国控制,而吴国却不接受。现在上天一反此道,叫我们报复吴国。我们君王怎敢不听从上天的命令,而听从吴王的命令呢?"王孙雒说:"尊敬的范先生呀,古人有句话说:'不要助天为恶。助天为恶的人不吉祥。'现在我们吴国的稻和蟹都吃得精光了,您还要助天为恶,不怕遭厄运吗?"范蠡说:"尊敬的王孙先生呀,从前我们的先君原是周朝不大够格的子爵,所以只能住在东海岸边,和鼋鼍鱼鳖相处,同水边的虾蟆共居。我们虽然脸上也有惭愧的神色,实际上跟禽兽差不多,哪里懂得你说的这些巧辩的话呢?"王孙雒说:"尊敬的范先生一定要助天为恶,助天为恶可是要遭到厄运的。请让我再见越王一面向他告辞。"范蠡说:"我们君王已经全权委托给我这个办事的人了。你走吧,免得我得罪你。"

吴国使者只得告辞回去。范蠡不再报告越王,擂起战鼓,出兵跟在吴国使者的后面,一直追到姑苏的吴国王宫,越国人没有什么伤亡,就灭掉了吴国。

释义

作为谋臣,范蠡是幸运的,遇到了句践,能听他的进谏。面对吴国求和,范蠡没有禀告句践,果断进军,灭了吴国,承担了谋臣的重任。而伍子胥显然是不幸的,夫差始终不接受他的忠谏,只在自缢前,想起伍子胥的忠心,表现出无尽的悔恨。文种和王孙雒都是求和的使者,文种掌握夫差心理,步步为营,化被动为主动,议和成功。王孙雒只能叫叫"助天为虐"之类的话,最终求和不成,涕泣而归。

再版后记

　　《中华根文化·中学生读本》(15 种)2012 年由复旦大学出版社首版,2014 年作为复旦附中教学成果"阅读中国人　书写中国人"的教材组成部分,荣获国家级教学成果一等奖。此次上海教育出版社再版,基本保持原版模样,所做的工作主要是汇聚读者意见,对原版内容做适度删节。删节时主要考虑两点:更加突出"根文化"概念;使单元主题更集中。

　　我们在 2010 年策划出版这套图书时就认为,"中华根文化"是 21 世纪中华儿女走向世界,参与全球化进程的一种重要力量。今天我们更认为,"中华根文化"蕴含着中华民族的情感力、思想力、想象力、创造力、批判力等不竭的生命力。尤其是那种挺立天地之间,居仁行义的天下意识、宇宙意识与人类情怀,深度契合着困难重重的 21 世纪的人类社会的内在需要,已显现出了一种崭新的人类文化的光辉特质。因此,我们愿意继续为"中华根文化"的现代传译尽自己的微薄之力,让更多的读者,尤其是中学生读者,更好地认识、理解中华民族根文化的根性特征——不仅是民族文化之根,也是世界文化之根——而拥有自我生命的大觉醒、大参悟，成为真正"具有中国心的现代文明人"（于漪老师语）。

再版时，我们力所能及地对原版的错误做了修订，但限于能力，一定还有许多不当之处，敬请读者批评指正。

黄荣华

2017 年 3 月 13 日